맹꽁이 같은 然

박재연 수필집

43

맹꽁이 같은 然

박재연 수필집

책을 내면서

 나만의 섬인 영우도影友島 주민 중에 터줏대감인 상윤이에게 일이 생겼다. 담낭암이란 소식에 머리가 하얗다. 고개를 흔들며 그래도 올해 책을 내기로 한 일이 다행이라고 생각했다.
 수필집이 작은 기쁨이 되어 상윤이의 투병에 도움이 되면 좋겠다는 생각도 잠시 또 다른 비보가 날아왔다. 또 다른 터줏대감인 현준 아빠의 갑작스런 혼수상태 소식에 할 수 있는 일이란 잘 벼텨달라고 기도할 뿐이었다. 내 기도와는 상관없이 현준 아빠는 하늘로 가셨다. 수필집을 받으면 무척이나 좋아할 현준 아빠를 생각하니 안타깝고 슬프다.
 난 글을 쓴다는 생각보다 내 생각을 정리하고 나눈다는 생각이 크다. 내 삶의 일등 공신들이 모여 있는 영우도 주민들에게 긴 시간 그들의 배려와 신뢰 그리고 사랑에 대한 보답으로 책을 내고자 했는데…. 마음이 급하다. 이제 영우도 주민이 줄어들 수도 있겠다는 생각에 하루라도 빨리 책으로 묶어야겠다는 조급함이 생겼다.

  100여 년 만의 더위라는 폭염에 중노동 중인 선풍기에선 더운 바람이 나온다. 연신 땀을 닦으며 쓰고 싶었던 이야기를 영우도 사람들을 생각하며 열심히 적는다.

  이 책은 오롯이 영우도 사람들에게 바치고 싶다.

  고맙습니다.

  사랑합니다.

2018년 늦여름
박재연

차례

책을 내면서   4

part 1
이름처럼

첫 번째 편지   12
엄마 따라잡기   17
노란색에 대하여   23
마루   28
옥천사   33
이름처럼   38
오빠야   42
아버지와 겨울   48
형제   54
알지 못합니다   60

part 2
4월 덧셈에서 10월 뺄셈까지

자전거	66
여명	69
숨 고르기	74
분수	78
야망	84
위로	89
보현사	94
윤근이 할매	99
4월 덧셈에서 10월 뺄셈까지	104
외상 장부 같은 유서	110

part 3
맹꽁이 같은 然

여름방학	116
란닝구	123
염치	127
맹꽁이 같은 然	131
응시	138
방음장치	142
흰녹색	147
마음의 거리	153
지천명	156
공집합	161

part 4
영우도 影友島

회초리	166
약고추장	173
Soul food	176
손편지	182
평화를 위한 노트	188
단도리	194
지금 바로 여기	199
둥글게 둥글게	204
영우도 影友島	209
서대신동 3가 450번지	214
평설 | 박재연론 김열규	220

part 1
이름처럼

첫 번째 편지

미국에 사는 경란이가 아침부터 전화를 했다. 높고 밝은 목소리에서 며칠 전 내가 보낸 편지가 도착했다는 것을 금방 알 수 있었다.

"우리 엄마가 요즘 세상에도 편지 보내는 사람은 너뿐이란다."라면서 오래된 미국 생활에서도 내가 가끔 보내주는 편지 덕분에 한글도 잊지 않고 있다는 말로 반가움을 대신한다.

많은 사람들이 편지는 잘 쓰지 않으면서도 우편물 속에서는 고지서나 공문이 아닌 편지를 은근히 기대하는 건 아닌지? 어쩜 그런 기다림도 통신이 발달하지 못했던 6·70년대를 보낸 연령층들끼리 공감하는 것인지도 모르겠지만 그런 낭만적인 시절을 보낸 것이 행운이란 생각도 든다.

그 시절을 보낸 사람들의 첫 번째 편지는 대부분이 '국군 장병 아저씨께'로 시작하는 위문편지일 것 같다. 얼굴도 모르고 무슨 말을 해야 할지 몰라 고사리손에 들린 연필심에 애꿎은 침만 바르던 일이 우습다.

그러나 나의 첫 번째 편지를 생각하면 슬며시 웃음이 나오는 '부모님 전 상서'였다. 토목업 하시는 아버지 공사 현장 따라 엄마도 함께 다니시는 관계로 부산 본가에는 나는 고1 언니와 6학년 오빠 그리고 먼 친척 언니와 함께 생활하고 있었다.

부모님과 우리를 이어주는 것은 편지와 전보였다. 전화가 귀하던 때라 느릿느릿 가는 편지도 고마웠고 빠르게 소식을 전해주는 전보는 즐거운 맘으로 기다리던 시절이었다. 배달 시간과 관계없이 '전보요!' 하며 전해주는 작은 종이의 네모 칸에는 대체로 '내일모하부마중요부' 같은 내용이었다.

10자 이내로 글자 수를 맞추려고 띄어쓰기도 무시하고 간간이 한자를 끼워가며 보낸 전보에서 어린 나는 '모'는 엄마 '부'는 아버지 '하부'는 부산에 온다는 것이란 걸 짐작하곤 했다.

공사 현장에 콘크리트를 치게 되거나 갑자기 변수가 생기면 그 짧은 틈을 타서 우리에게 오시는 엄마. 그래서 전보는 엄마를 기다리는 나에겐 기대 밖의 보너스였지만 엄마는 그렇지 못했다.

아무리 친척 언니가 도와준다고 해도 엄마의 눈길과 손길이 닿아야 할 곳이 구석구석에 있어 엄마는 엉덩이 한 번 제대로 붙이지 못하고 집안일을 하시다 보면 금방 다시 아버지가 계신 곳으로 돌아가야 했다.

 엄마는 언제나 언니에게 무슨 일이 있으면 편지하라는 말을 남기고 가시곤 했고 우리들에게 특별한 일이 생기거나 생활비가 바닥날 때쯤이면 언니는 편지를 쓰곤 했다.

 1960년에 나는 초등학교 2학년이 되었다. 가슴팍에 달고 다니던 손수건도 떼어버린 지 꽤 되었고 나보다 어린 1학년들이 생기니 왠지 자신감이 생기면서 작년과는 뭔가 달라져야 될 것 같다는 생각이 들었다.
 1학년 때와는 달리 뭔가 획기적인 일이 없나 생각하다가 부모님께 편지를 적기로 했다. 편지지를 펴긴 했는데 어떻게 시작해야 될지 몰라 끙끙거리다가 문득 언니가 편지를 적을 때 보면 언제나 '부모님 전 상서'라고 적던 것이 생각났다.
 편지지 제일 위에 연필을 꾹꾹 눌러가며 '부모님 전 상서'라고 커다랗게 적었다. 내용은 기억나지 않지만 아무튼 편지지 한 장을 정성껏 적어 언니에게 주었다.
 한참 뒤 집에 다니러 온 엄마는 내게 뭔가를 건네주시며 한번 보라고 하셨다. 몇 번 접은 종이였는데 펼쳐보니 모서리가 닳아 조각나기 직전의 너덜너덜한 편지였다. 꼭꼭 눌러 적었던 연필이 좀 번지긴 했지만 그건 내 글씨가 분명했다. 언니 편지와 함께 보낸 내 첫 번째 편지였다.

"느그 아부지가 니 편지 받고 얼마나 좋아했는지…."

생각지도 못한 꼬맹이 편지를 읽어보신 뒤 언제나 바지 뒷주머니에 넣고 다니다가 사람들에게 자랑하느라고 넣었다 꺼냈다 하다 보니 내 편지가 닳았다고 했다.

아버지께서는 '요 작은 것이 이렇게 어려운 말(부모님 전 상서)을 아는 것 보소. 녀석 참 똑똑하제'라고 엄마에게 말했다는 대목을 추억하면 나는 절로 웃음이 나지만 그래도 행복한 기분이 된다. 언제나 말이 없고 엄격하신 아버지인 줄 알았는데 그 조각조각 떨어지기 일보 직전의 편지를 보면서 표현하지 않는 아버지의 내면은 섬세하고 따뜻하다는 느낌은 새로운 뭔가를 알아낸 것 같아 괜히 우쭐하기도 했다.

1974년 가을이었다. 농민 운동을 하던 선배를 도와준다고 현풍에 머문 적이 있었다. 우체국에 다니시던 주인집 아저씨가 퇴근길에 내일 배달할 편지인데 먼저 가지고 왔다면서 편지 한 통을 주셨다. 주소가 가로쓰기가 아닌 세로쓰기의 옛 어르신의 글씨체 – 생각지도 못한, 정말 생각지도 못한 아버지의 편지였다.

> 잘 잇느냐. 선배님도 잘 계시냐. 끼니 거르지 마라. 주인집에도 예의 바르게 하고. 여기는 걱정 안해도 된다. 매사에 행동 조심해서 남의 입질에 오러내리지 말고…

그런저런 이야기 속에 아버지께서 정말 하고 싶었던 말은 '오래된 방에 연탄가스가 샐지 모르니 고치는데 시간이 걸리겠다 싶거던 전기장판을 하나 사면 어떡겟노'였다.

편지지 오른쪽에 세로로 적은 '재연이 보아라'로 시작되는 편지에는 우리와는 다른 띄어쓰기와 맞춤법이 여기저기 보여서 아버지와 나의 시간적 간격이 느껴지면서 찡했다.

전에 어느 잡지에서 본 수필이 생각났다. 서울 유학 중인 아들에게 시골 어머님이 보내신 소포 속에 '콩나물 무칠 때 참지름 애끼지 말고 푹푹 마이처서 묵어라'라고 삐뚤빼뚤 적어 보낸 종이쪽지 이야기를 보고 찡했던 느낌이 아버지의 세로쓰기 편지에도 묻어 있었다.

나의 첫 번째 편지에 대한 답장을 15년 만에 받은 것이다. 그 답장 속에는 아버지의 큰 사랑이 15년 동안 곰삭아 잔잔하면서도 진한 느낌으로 다가왔다.

아버지께서도 그 편지를 적어 내려가시면서 15년 전 1m 남짓하던 꼬맹이 딸을 꺼내 보셨을 것이다. 간간이 한자를 섞어서 세로로 적었던 아버지의 편지는 없어졌지만 그때의 감동과 아버지의 말없는 사랑은 언제나 내 가슴을 따뜻하게 만들어 준다.

아버지의 마음을 알아차리고 모서리 닳아 휴지처럼 된 내 첫 번째 편지를 곱게 전해준 엄마의 배려가 있었기에 나는 오늘도 부모님이 주신 사랑을 알아차리고 내 삶에 긍지를 가져본다.

엄마 따라잡기

2000년, 새해 시작은 참으로 떠들썩했다. 마치 새로운 세상이 열릴 것처럼 지구가 들썩거렸지만 내게는 그냥 한 해란 세월을 더하여 마흔여덟이 될 뿐이었다. 여덟이란 숫자는 왠지 금요일 같은 느낌이다. 주말을 위해 금요일 저녁에는 뭔가 준비해야 되는 것처럼 마음이 일렁인다.

서른여덟에는 지금까지 맺어진 인연들을 뒤돌아보며 최소한 서로 상처를 주고받지 않으려면 어떻게 해야 할까 하는 생각으로 절을 찾기 시작했고 마흔여덟에 나는 쉰을 예감하며 지금이야말로 그간의 삶을 잘 정리하여 최소한의 소박한 삶에도 만족할 줄 아는 준비를 해야겠다는 생각을 했다. 그리고 남은 삶 속에서 나만의 활력소가 될 어떤 것이 있어야 한다는 생각에 바이올린을 시작했다.

나는 어렸을 때부터 악기 하나를 잘 다루고 싶었다. 중간중간 악기를 만져봤지만 늘 다른 현실에 멈추고 다시 시작해서는 중단하기를 거듭했다. 그때마다 포기가 아니라 잠깐 미뤄진다고 생각했다.

마흔여덟이란 숫자가 어쩜 마지막 기회가 아닐까 하는 생각이 들었다. 그나마 또 중단될지도 모르지만 그렇다고 시작을 하지 않는 것은 비겁하다는 생각이 든다. 중단될 때 되더라도 시작을 해봐야지.

바이올린을 들면 '너 또 시작했네'라고 엄마가 하늘에서 내려다보며 말할 것 같다. 엄마는 나의 속성을 잘 알고 있었던 것 같다.

'나는 재연이가 외항선원에게 시집갔으면 했다. 늘 가슴속에 하고 싶은 것이 많아도 제대로 하지 못하고… 외항선원에게 시집갔으면 시간도 많고 경제적으로 여유도 있어서 하고 싶은 것들 하면서 살았을 것을'이라며 아쉬워했다는 이야기를 어른이 되고도 한참 후에 언니로부터 전해 들었다. 시대적인 어려움 때문에 드러나지는 않았지만 어쩌면 엄마가 나보다 더 큰 정열을 안고 살았는지도 모르겠다. 그래서 딸이 시집간 후에라도 꿈을 펼 수 있기를 바라는 마음이 외항선원을 생각했을 것 같다.

엄마는 이번에 시작한 바이올린은 끝까지 갈 수 있기를 바라고 있을지도 모르겠다. 그러나 나는 먼 시간까지 생각하지 않는다. 그냥 악기를 다루고 싶다는 동기에만 충실하면 된다는 느긋함으로 시작한다.

딸에서 아내, 며느리, 엄마 그리고 육중한 몸무게의 아줌마 나이로 오면서 삶의 속도도 비바체에서 알레그레토, 모데라토를 거쳐 안단테의 속도에 왔고 이제는 라르고의 속도도 예감하고 있으니 뭐 그리 바쁠 게 있나 싶다. 나이를 먹으면서 확실하게 늘어난 것은 몸무게와 그에 비례하는 배짱뿐이라고 자신 있게 말하는 중년이 되었다. 나이 먹음에 감사한 중년이다.

 2000년, 혼자만의 여행을 떠나고 싶은 해였다. 눈부신 초록 들판이 갑자기 흑백사진처럼 보이는 순간을 만났다. 오빠의 죽음이 그렇게 만들었다.
 어느 날 느닷없이 오빠가 3~6개월의 시간밖에 남지 않았다는 담낭암 진단을 받았을 때 공기 좋은 우리 동네 빈집을 하나 빌려 무조건 오라고 했다. 오빠 혼자서 해내는 투병 생활은 걱정보다 훨씬 담담하게 해나갔다. 그리고 많이 좋아졌다. 이렇게만 계속된다면 하는 희망도 생겼다. 그래도 혹시 모른다. 그렇게 쉽다면 3~6개월이란 진단을 내렸겠는가? 조심스레 희망의 틈바구니에 오빠의 죽음을 사실로 받아들이는 마음의 연습도 했다. 그럭저럭 2년을 버티고 있었고 2000년도만 넘기면 되지 않을까 하는 기대도 조심스레 해봤는데 5월 12일 오빠는 마지막 숨을 쉬고 말았다.
 아카시아 향기 속으로 오빠를 보내고 10여 일 만에 돌아온 우리 집 꽃밭에는 함박꽃, 붓꽃이 100여 송이 넘게 만발했고 나뭇가지가 휘도록 빨갛게 달린 앵두 열매가 나를 맞이하는데 이건 별세계였다. 숨이 멎는 듯했다. 나보다 한발 먼저 온 오빠가 꽃 사이에서 '재연아, 너무 상심하지 마. 나는 괜찮다'고 말하는 것 같았다.

순간 그 화려한 꽃밭은 바람이 불어도 흔들리지 않는 한 장의 흑백 사진으로 변했다. 또 어느 순간에는 일상의 움직임이 갑자기 무성영화처럼 느껴졌다. 아무 소리도 들을 수 없는 깊은 바닷속을 흐느적거리면 다니는 기분이었다.

부모님이 돌아가시면 슬프긴 해도 하늘이 보이지만 동기간이 죽으면 하늘조차 보이지 않는다고 하던 말이 뭔지 알 것 같았다.

연기처럼 사라져서 흔적조차 없다고 하던 말이 이런 것이구나. 이 세상 어디에서도 그림자조차 없다니… 참담했다. 뭔지 모를 심한 배신감마저 들었다. 누군가가 건드려만 주면 한판 싸우고 싶었다. 누군가의 속상한 이야기를 들을 때면 내 속에선 '아무리 그래도 살아는 있잖아'라고 말하는 자신을 본다.

그래도 하루가 어김없이 흘러가고 있었다. 아무리 가슴이 텅 비고 쓰라려도 태연하게 매일을 맞고 보내는 것은 펑퍼짐란 연륜 덕분이었다. 어디론가 훌쩍 떠나 실컷 소리 내어 울고 싶었다. 내게 여행이 절실하게 필요하다고 말하고 싶었지만 손끝 하나 까딱하지 않는 왕비마마 시어머님과 '우리 엄마 돌아가신 후에'라고 대답할 남편을 생각하니 말조차 꺼내고 싶지가 않았다.

시집살이하는 며느리는 이래저래 손해라는 생각에 미치자 '너 힘든 것 모르는 것 같아도 하늘이 알고 땅이 알고 이웃이 먼저 안다. 그러니 억울해하지 마라'고 내게 힘을 주던 엄마가 생각나서 허탈한 웃음을 짓고 만다.

새댁이었을 때는 엄마 말이니까 뭔가 있겠지 하고 머리로 그 말을 따르려고 노력했고 지금은 그것이 삶의 공부구나 하는 생각으로 엄마의 말이 가슴으로 온다.

그래서 나는 이 여름 엄마의 흉내를 내면서 가슴을 쓸어내리고 있다. 냉동실에 넣어둔 찬밥 한 덩이 꺼내 냄비에 넣고 푹푹 삶는다. 무명주머니에 넣고 바락바락 치대어 뽀얀 물로 만들고 삼베 홑이불과 삼베 베갯잇을 넣고 조물조물 주물러 빨랫줄에 널어 말린다.

내 어릴 적 저녁이면 풀 먹여 꼭꼭 밟은 빨래를 마루에서 다릴 때마다 딸이란 이유만으로 엄마와 마주앉아 고무줄 넣은 허리춤을 팽팽하게 늘여 잡아야 했다. 숯불 다리미에서 불티가 날아 내 손에 떨어질까 봐 마음은 간질간질했고 그 이글거리는 숯불 덕분에 이마에서 흘러내리는 땀은 눈을 자꾸 깜빡거리게 했다.

사람들은 요즘 세상에 무슨 풀이냐고 하겠지만 어렸을 때 여름밤을 그리워하며 빨래에 풀을 먹인다. 그래야만 여름을 제대로 보낸 것 같다.

생각 같아선 다듬이질을 하면서 가을을 맞고 싶다. 부엌 한옆에 줄지어 있는 커다란 유리병을 본다. 마늘은 이제 새콤달콤한 맛을 내고 있고 계란 크기 정도의 작은 양파들은 간장빛에 물들고 있다. 며칠 전 마당에서 따 온 깻잎과 콩잎도 삭아가는 빛깔로 변하고 있다.

옛날 엄마가 만들어 주던 맛이 날까? 올해 안 되면 내년 그리고 또

후년… 그렇게 흉내를 내다보면 엄마의 손맛을 닮아가겠지.

'오늘 반찬은 또 무얼 하냐? 그렇게 매일 열심히 똥감(똥재료)을 만들 걱정을 하면서 여자들은 늙어간다. 그렇더라도 제대로 된 밥상을 차리는 정성으로 살면 못 넘을 것이 없다'고 일러주던 엄마의 역설적인 말을 꼭꼭 씹으면서 엄마가 갔던 길을 내가 뒤따라가고 있다.

엄마가 그랬듯이 나도 집안일을 하면서, 엄마의 흉내를 내면서 마음을 다스려본다.

당신이 내 엄마였음에 감사합니다.

노란색에 대하여

하찮은 똥도 촌수를 가린다고 어른들이 말씀하셨다. 조카 똥 기저귀를 고모는 빨아줘도 숙모는 빨아주지 않는다고 한다. 그런 절묘한 표현들을 들으면 정말 기가 막힌다는 감탄이 절로 나올 때가 있다.

초등학교 2학년 봄이었다. 토목업을 하시던 아버지의 공사현장이 같은 부산이라고는 해도 교통이 불편하던 60년대 초반에는 시간이 좀 걸렸다. 현장 인부들 밥을 해주시던 엄마는 어쩔 수 없이 며칠에 한 번씩 집에 다녀가시곤 했다.

돌을 막 지낸 막내를 엄마가 데리고 있어 먼 친척 언니가 우리집에 함께 지내면서 3살짜리 여동생을 돌봐주고 있었다. 아직 추위가 남은 3월 어느 날 학교에서 돌아오니 친척 언니는 동네 마실을 가고 여동생이 따스한 햇살이 들어오는 마루에 혼자 있었다.

"소희야! 언니 왔다."

현관문을 열었을 때의 광경이라니! 기저귀가 채워지지 않은 상태로 대변을 보고 이리저리 기어다녔으니….

난 책가방을 내던지고 똥 범벅이 된 동생을 씻기고 마루를 닦기 시작했다. 참 신기하게도 똥이 더럽다거나 냄새가 역하다거나 하는 따위는 느끼지도 못하고 오로지 친척 언니가 오기 전에 모두 치워야 한다는 생각뿐이었다. 손 시린 줄도 모르고 우물물에 걸레를 빨아가며 마루를 훔쳤지만 마루 사이에 끼어 있는 똥은 그대로였다. 급히 나무 꼬챙이를 주워서 마루 사이에 낀 똥도 다 파내었다.

모든 상황이 종료된 뒤에도 친척 언니가 오지 않으니 이젠 동생이 지청구를 듣지 않아도 되겠다 싶어 다행이란 생각뿐이었다. 그러자 찬물에 엉덩이를 씻은 동생이 춥겠다는 생각이 들어 동생을 안고 햇살을 쪼이니 몸과 마음이 나른해졌다.

그날 이야기는 나만이 아는 비밀이었는데 - 엄마가 알면 가슴 아파할 일이라고 생각했기에 - 엄마가 돌아가신 뒤 언니와 어린 시절 추억을 더듬다가 우연히 이야길 했다. 언니는 어이없는 눈으로 바라보았다.

그때 그런 생각이 들었다. 8살 철부지였던 내가 그런 일을 할 수 있었던 것은 내 동생의 똥이었기 때문이라고. 그러니 똥이 촌수 가린다는 말은 틀림이 없다. 삶의 명언이다. 그리고 그날 유리창을 통해 들어오던 3월의 햇살이 맑고 따뜻하기만 했던 그 마루를 떠올리면 노란색이 함께 되살아난다.

첫아이를 낳고 퇴원하던 날 아침, 간호사실에 산모들이 모였다. 수간호사는 이제 막 새내기 엄마가 된 우리들에게 육아 상식을 알려주다가 의자에 걸려 있는 샛노란 타월을 가리키며 건강한 아기의 대변색이라고 하는데 난 속으로 설마 그렇게 샛노란 똥이 어디 있을까? 하고 간호사의 말을 귓등으로 흘렸다. 그런데 정말로 녀석의 똥이 샛노랗다. 기저귀를 물에 넣고 흔들면 계란 노른자를 풀어 놓은 것 같았다. 언젠가 이웃집에 갔다가 녀석의 기저귀를 갈아주는데 초등학교 6학년인 용배가 '와 노랗다. 똥이 아름답다'라고 했다. 똥을 보고 아름답다니! 그 표현에 나도 놀랐고 그때야 간호사의 말이 지나친 표현이 아니었구나 하는 생각에 미안했던 기억이 있다. 샛노란 색깔이 똥마저도 아름답게 보이게 한 것이다. 아니 노란색에 취하여 잠깐 똥이란 것을 잊게 만들었던 것 같다.

내 기억 속에 노란색이 반가운 등대처럼 보였던 날도 있었다. 화창한 봄 햇살에 강의가 자장가로 들리는 강의실과는 달리 교정엔 노란 개나리꽃이 눈부시게 핀 날. 그 노란색의 유혹을 이기지 못하고 친구들이랑 오후 수업에 들어가지 않고 에덴공원으로 갔다. 이왕 수업까지 날렸으니 다른 소득이 있어야 하지 않겠냐면서 늘 보기만 하던 배도 한 번 타자고 했다. 낙동강 하구의 넓은 갈대밭에 미로 같은 뱃길을 만들어 상춘객들을 싣고 다니는 배에 우리들도 올랐다. 길고 좁아서 날렵하게 생겼지만 좀 허술한 배에 오르자 아저씨는 긴 장대로 밀어 갈대밭 사이를 빠져나갔다. 삐걱거리는 소리를 내며 노를 저어 갈대밭을 빠져서 낙동강 중앙으로 나갈 때 약간 걱정이 되었다.

어릴 적에 송도 해수욕장에서 물에 빠져 허우적거린 기억이 무의식에서 되살아나서 반사적으로 떠나온 곳을 바라보게 되었다. 그때 눈에 확 들어온 노란색 덩어리.

우리가 떠나온 지점에 활짝 피었던 개나리꽃 뭉치가 노란색 점으로 빛나는 것이 등대처럼 보였다. '아! 돌아갈 수 있겠구나' 하는 안도감이 가슴으로 확 퍼지던 그 봄날도 노란색이다.

노란색, 색깔을 인식하면서 가장 먼저 다가온 색. 병아리, 개나리와 함께 봄을 열던 노란색. 삶을 시작하는 아이들에게 환한 미소로 다가오는 노란색. 그건 나만의 느낌이 아니라 대부분의 사람들도 제일 먼저 만나는 색일 것 같다.

여덟 살 여자아이가 맨손으로 동생의 똥을 치울 수 있었던 일이나, 왕초보 엄마라도 더럽다는 생각을 하지 않고 아기의 똥을 치울 수 있는 것은 아마 노란색 덕분은 아닐까?

노란색은 시작의 설레임과 생명의 경이로움을 함께 녹여 안고 있는 색이란 생각이 든다. 그리고 사물이 각자의 색을 가지고 있음도 고마운 일이다.

오래전 내가 동생의 똥을 치웠던 것은 그놈이 이쁜 노란색이었기 때문인 것 같다. 어쩔 수 없이 동생이란 피에 끌려서 치웠다 해도 그날을 아무렇지도 않게 아니 따사로운 햇살을 먼저 추억할 수는 없을 것 같다. 오히려 똥을 치울 때 물컹한 느낌이나 똥을 파낼 때의 난감함, 그것도 아니면 향기롭지 못한 냄새의 찝찝한 기억이 아주 조금이라도 남아 있어야 할 것이다. 그러나 그날을 생각하면 그냥 노란색 뭔가를 치웠다는 생각과 투명한 햇살로 아늑했던 마루 그리고 내게 기대고 있던 동생이 노란 병아리 같아 포근하게 느껴졌던 순간이 한 장의 사진처럼 선명할 뿐이다.

그렇게 샛노란색이 주는 느낌만 남아 있음이 고마울 뿐이다. 그래서 나보다 먼저 간 동생은 지금쯤 하늘에서 노란색으로 살고 있을 것이라 믿는다. 그 노란색 덕분에 아릿함이 아닌 포근한 목소리로 '소희야'라고 부를 수 있어 너무 감사하다.

마 루

　　　　　　　　　　어른이 되고 엄마, 아버지께서 멀리 떠나신 지 10여 년이나 지났어도 꿈에서는 언제나 같은 장소에서 부모님들과 형제들을 만난다. 그곳은 엄마가 오빠를 임신했을 때 큰아들을 잃어버린 집에서 다시는 아이를 낳기 싫다고 아버지를 졸라 힘들게 12평 남짓 크기의 기와집을 짓고 이사 오자마자 오빠를 낳은 집이다.

　6남매 중 맏이인 언니만 빼고 5남매를 낳고 키웠고 대부분을 아버지의 손으로 지었다는 그 집 마당엔 우물도 있었다. 만삭의 몸에도 불구하고 아버지와 두 분이서 땅을 파고 돌을 쌓아 만드셨다는 우물은 가뭄에도 맑은 물이 마르지 않는다고 엄마는 늘 자랑을 하신다. 엄마가 유독 더 많은 애정을 가졌던 곳이 우물이라면 나는 넓고 시원한 마루가 제일 맘에 들었다.

내게 있어 마루는 보물 창고 같은 곳이었다. 마루 아래는 언제나 큰 깡통 몇 개가 나란히 줄을 서 있었다. 오빠의 유리구슬통과 딱지통 그리고 내 공깃돌과 사방치기할 때 사용하는 납작한 돌 - 우린 그것을 시마라고 했는데 시마란 일본말로 섬이니 우린 섬을 발로 차는 놀이를 했다는 말인가 보다. 어쩜 일본을 발로 차고 싶어서 만든 놀이는 아닐까 하는 생각이 언뜻 스친다 - 을 넣어두는 깡통이었다.

오빠가 구슬치기나 딱지놀이를 할 때면 내가 오빠 뒤를 졸졸 따라다니며 재산관리를 했다. 구슬이나 딱지를 많이 따는 날이면 내 치마폭이 불룩해지도록 담아 와서 마루 밑 깡통에 소중히 넣어 두곤 했다.

언젠가 딱지놀이하는 오빠 옆에 앉아 있는데 옆집 꼬마가 내 머리 위에 쇠붙이를 떨어뜨려 놀란 오빠는 내 머리를 감싸고 집으로 갔다.

"별것 아니네. 그래야 잘 큰다."

날 장독대로 이끌고 가셔서 된장 한 덩이 올려주시던 엄마. 지금 생각해보면 나보다 더 놀라고 자기 책임이라고 주눅 들어 있는 오빠를 안심시켜주기 위한 엄마의 능청스런 처방전이었던 것 같다.

상처 부위에 된장이 얹힐 때 몹시 따가워 울면서도 딱지가 담긴 치마폭을 꼬옥 잡고 있다가 마루 아래 우리들의 금고 속에 넣었던 그날은 한 장의 사진처럼 선명하게 남아 있다. 겨울이 되면 오빠의 팽이들을 넣기 위한 새 깡통이 하나 더 놓이면 우리들의 살림이 늘어나는 것 같아 기분이 좋았었다.

마루는 내가 혼자 집을 지킬 때나 무지무지 심심할 때 나의 놀이터
도 된다. 아버지 공사 현장이 너무 멀어서 엄마가 자주 못 오시면 학교
에서 먼저 돌아와서 중·고등학생이었던 오빠와 언니가 올 때까지 혼
자서 기다리는 시간이 간혹은 재미없고 따분할 때가 있었다. 그럴 때
혼자 하는 놀이 중의 하나가 마루 밑 탐험이다.
 우리 집 마루는 다른 집에 비해 좀 넓은 ㄱ자 모양이었는데 아버지
께서는 마루 밑 청소할 때를 생각해서 짧은 쪽과 긴 쪽의 마루판 3개
씩을 고정시키지 않으셨다.
 앞이 막혀서 어두운 긴 마루 쪽의 널판 3개를 들어내고 마루 밑으로
다리부터 내려놓는다. 발이 허공에 머무는 짧은 순간에 느껴지는 음산
한 기운이 잠깐 소름을 돋게 했던 기억이 생생하다. 그만 도로 올라갈
까 하는 망설임과 동시에 발이 땅에 닿는다. 이왕 시작했으니 빨리 끝
내는 수밖에 없다는 맘으로 숨 한 번 크게 마시고 팔을 내리면 끈적한
거미줄들이 엉겨 붙는다. 또 한 번 큰 숨을 쉬고 허리를 굽히고 무릎으
로 땅을 기어가기 시작한다. 약간 희뿌연 짧은 마루 쪽으로 기어와서
이쯤이겠다 싶은 곳에서 머리를 밀어 올리면 마루판이 열리면서 환한
마루 위로 얼굴이 나온다. 머리와 목덜미에 붙은 거미줄을 뜯어내며
휴우 한숨을 쉬면서 스스로를 대견해하다 보면 따분한 한나절이 지나
가곤 했다.
 훗날 별로 들어가고 싶어하지 않는 남동생을 마루 틈새로 떨어진 동
전으로 과자를 사주겠다고 꼬셔서 함께 그 놀이를 했던 일을 생각하면

지금도 웃음이 나온다.

　마루는 가족들의 사랑으로 내 영혼을 따뜻하게 살찌운 곳이기도 하다. 마당에 피워 둔 모깃불에서 가늘고 하얀 연기가 피어오르고 얼음과 설탕을 넣은 수박화채를 마루 한가운데 놓고 온 식구가 마루에 모이는 한여름 밤은 축제 같았다. 6남매가 시끌벅적 마루에서 뒹굴면 더우니 뚝뚝 떨어져서 앉으라고 엄마는 말하지만 누구 하나 방에 들어갈 생각을 하지 않고 엄마 주위에 몰려 있었다. 내 엉덩이에 꿀 묻었느냐고 지청구를 하면서도 엄마도 우리들 틈에 끼어 있었다. 모기에 물려 긁고 있으면 빳빳하게 풀 먹인 삼베 홑이불 한 자락 움켜쥐고 가려운 곳 쓱쓱 문질러 주는 엄마. 그 맛에 삼베 홑이불 쟁탈전이 벌어지곤 했다. 마당의 모깃불이 사그라질 때쯤이면 한 명씩 조용해지기 시작하지만 엄마의 부채질은 끝나지 않았다. 약간 노리끼리한 색의 종이가 붙여진 엄마의 커다란 부채에서 나오는 바람에 나도 모르게 스르르 눈을 감던 한여름 밤의 마루를 생각하면 금방 가슴이 훈훈해진다.
　언젠가는 학교에서 돌아온 내게 마루 끝에 서보라고 오빠가 말했다. 이유는 모르지만 오빠가 시키는 대로 마루 끝에 차렷 자세로 섰다. 마루 아래서 내 다리를 유심히 살피던 오빠는 '종아리에 알이 박히지 않은 걸 보니 키가 자라겠다'고 혼잣말을 했다. 유난히 작았던 나를 걱정하는 오빠의 사랑을 알아차린 곳도 마루였다.
　언제나 환하고 따뜻한 마루가 있었던 기와집은 멈춰진 시간 속에서 더 이상 낡지 않고 내 마음속에 있다. 돌아갈 수만 있다면 별이 총총한 한여름 밤의 마루로 가고 싶기도 하고 앞으로 이룰 수만 있다면 내 기억 속의 마루같이 땅 위에 둥실 떠 있는 대청마루가 있는 기와집에 살고 싶다.

언제나 보송보송하고 시원한 느낌을 줘서 행복한 기분으로 만들어주는 대청마루라는 말을 나는 무척 좋아한다.

옥천사

고성군 하일면 수양리 효대부락에 자리 잡은 것이 벌써 21년째다. 어쩌다가 아무런 연고도 없는 이곳까지 들어오게 되었는지 궁금해하는 사람들의 질문을 요즘도 간혹 받는다. '남편을 잘 만나서'라며 의미 있는 웃음으로 답한다.

강원도로 가자는 남편 말에 추운 곳은 싫다고 해서 따뜻한 곳으로 고성이 정해졌고 하일면 수양은 남편의 취향 따라 정해졌다. 남편은 땅값이 오르지 않을 곳을 찾았단다. 그래야 자연이 훼손되지 않고 오래 남을 곳이란 주장으로 비포장 도로를 찾아서 왔단다.

북쪽은 수태산이 병풍이 되어 감싸주고 남쪽으로 푸른 자란만이 펼쳐진 햇살 가득한 수양리 효대마을. 보현사에서 내려다보면 절골 저수지로부터 시작하여 바다를 향해 내려간 푸른 들판 그리고 그 끝에 닿아 있는 자란만이 한 폭의 그림처럼 아름답다.

하일면 리아스식 해안을 돌 때마다 호수 같은 바다가 얼굴을 내밀기도 하고 해안선을 돌 때마다 사량도가 가까워지기도 멀어지기도 하는 것이 마치 사량도가 여기저기 마실을 다니는 것 같아 재미있다. 몽실몽실 떠 있는 섬들에는 이야기가 숨어 있을 것 같아 자꾸 눈이 간다. 보고 또 봐도 지겹지 않고 정감이 가는 풍경들. 지금은 도로포장이 다 되었지만 남편의 예측대로 자연이 손상되지 않은 아름다운 하일면.

우연히 자리 잡은 곳이지만 이만한 곳을 찾기도 그리 쉬운 일은 아닐 것이다. 하루 두 번씩 바뀌는 해풍과 육풍을 맞으면서 별 탈 없이 하루하루를 쌓아가고 있다. 뿐만 아니라 여기 와서 밀물과 썰물에 관해서도, 물때라는 것에 맞춰서 바다가 주는 것들을 잡는 재미도 쏠쏠하다. 산골이다 싶다가도 몸을 조금 돌리면 바다가 나오는 고성의 자연환경이 참 좋다.

고성과 나의 인연은 언제부터였을까? 되돌아보게 된다.

중학교 때 초등학교를 고성에서 다녔다는 은숙이로 인해 고성이란 곳을 알게 되었다. 고등학교 때 은숙이의 친구인 정희와 편지를 주고받으면서 동외리라는 동네를 상상하게 되었고 고성여고를 다니고 있던 정희의 편지 속에 철둑 바닷가 이야기가 자주 나왔다. 그때마다 '기차도 다니지 않는 곳에 무슨 철둑?'이라며 정희가 자랑하는 바다의 색깔이 궁금했다.

그리고 세 번째 고성과의 연결 고리는 오빠 친구가 화화종고(현 고성고교)에서 교직생활을 하게 되면서 배둔이란 지명을 알게 되었다. 자연스레 고성에 친구가 있다고 아는 척하는 나에게 기회가 되면 친구랑 놀러오라고 했다. 71년 늦가을 어느 날 정희랑 함께 땅거미가 질 때쯤 배둔 버스정류장에서 오빠와 합류하여 옥천사로 가는 버스를 탔다.

얼마 되지 않아 주위는 깜깜해졌고 버스는 바쁠 것이 없다는 듯이 느리게 꼬불꼬불한 시골길을 달렸다. 이제 곧 도착한다는 정희의 말에 버스 머리가 왼쪽으로 돌면서 개울을 지나가고 있었다.

청량한 공기 때문이었을까? 아니면 도시와 다르게 너무 깜깜한 풍경이 새롭게 느껴져서일까? 갑자기 '꿈속의 고향'이란 노래가 떠올랐다.

'반딧불 쫒아서 즐기었건만…'이란 가사를 읊조리는데 금방 반딧불이 날아다니는 듯한 착각이 들었다. 분명 여름밤도 아닌데. 그리고 언젠가 이 개울을 지나간 듯 낯설지 않은 느낌마저 들었다. 꿈속에서였을까? 묘했다. 방향도 모른 채 오빠 뒤를 따라서 작은 시골집으로 들어갔고 조그마한 방에 정희랑 둘이서 밤 깊도록 재잘거렸다.

다음 날 이른 아침에 정희의 안내로 옥천사로 올라갔다. 일주문을 지나서 아무런 생각 없이 계단을 올랐다. 계단 중간쯤에서 내 눈이 옥천사 마당과 높이가 같아졌을 때 상상하지도 못했던 광경이 펼쳐졌다.

온통 노란 세상이었다. 뜻밖에 만난 노란색 아름다움에 감탄사마저 꿀꺽 삼켰다. 밤새 떨어진 노오란 은행잎이 마당을 이불처럼 덮고 있었다. 노란색에 취해 날듯이 두어 계단 가볍게 올라서니 마당 저쪽에서 대빗자루와 도토리 키 재는 듯한 동승童僧이 은행잎을 쓸어 나오고 있었다. 은행잎이 쓸린 흙마당은 또 왜 그리 정갈하게 보이던지. 너무나 아름다운 풍경이었다.

이건 현실이 아니라 영화의 한 장면이란 착각이 들 정도였다. 그 아름다운 화면에 오직 우리 둘이 있다는 것이 어떤 축복처럼 느껴졌다.

정희와 나는 은행잎을 화면에 가득 넣고 그 은행잎 끄트머리에 우리들을 놓고 사진 찍기에 바빴다. 날아오를 것 같은 기분도 함께 찍었다.

부산으로 돌아와 사진을 보면서 그때 붕붕 날던 기분을 보며 혼자 웃곤 했다. 비록 흑백사진이라 샛노란색은 기억으로 채색을 해야 했지만.

컬러사진이 나오고 나도 결혼을 하고 현실에 밀려 추억은 그 흑백사진처럼 퇴색되고…. 그러다가 95년 남편을 따라 따뜻한 남쪽 고성으로 옮겨서 살게 되었다. 고성을 떠난 정희 대신 내가 고성에서 살면서 소식 끊어져 궁금했던 정희도 다시 찾게 되고 우린 고성이란 공통분모를 하나 더 갖게 되었다.

어쩌면 71년도에 옥천사를 갔을 때 이미 고성과의 인연이 시작되었던 것이 아닐까 하는 생각을 든다. 그 개울을 지날 때 왠지 낯설지 않고 느닷없이 꿈속의 고향이란 노래를 흥얼거렸을 때부터 나도 모르게 고성 살이를 예감했던 것은 아닐까?

옥천사를 좋아하던 정희는 지금은 진주에 살면서도 영현에서 옥천사 뒤로 연결되는 산길이 좋아서 간혹 혼자서도 다녀간단다. 올가을엔 정희랑 옥천사로 가서 노란 은행잎 앞에서 나란히 사진을 찍어야겠다.
 흑백이 아닌 컬러로.

이름처럼

　　　　　　　　　　부산에서 태어나 40년 넘게 살다가 고성으로 온 지 10년째다. 아이들이 중학생이 되면 시골에 살다가도 도시로 나와야 하는 판에 거꾸로 시골로 들어가느냐면서 친구들이 많이 말렸다. 사람 좋아하는 내가 갑갑해서 시골에 못살 것이라며 걱정하던 친구들이 잘 버티고 사는 것이 신통하다고 말하면 이름 덕분이라고 대답한다.

　아무런 연고도 없는데 어떻게 이곳까지 들어오게 되었냐며 약간의 안쓰러운 눈빛으로 궁금해하는 이웃들에게도 그냥 이름 때문이라고 웃으면서 답한다.

　어릴 때 나는 두 가지 불만이 있었다. 3남 3녀 중에 세 번째면서 딸로는 둘째였다. 아홉 살 차이가 나는 언니와는 친구 같은 자매로는 될 수 없었다. 그런 건 아무래도 좋았다. 언니가 내게는 보호자 역할까지 했으니 불만이 없지만 엄마와 언니 사이가 부러웠다. 엄마는 언제나 내겐 엄마일 뿐인데 언니와는 그렇지 않은 것 같았다. 내 눈에는 친구 같았다. 왜 날 첫째로 낳아주지 않았냐고 따지면 엄마는 껄껄껄 웃으시며

"그걸 어찌 내 맘대로 하노. 니가 먼저 톡 뛰어나오지 그랬냐. 삼신 할매한테 물어봐라."

하시면서 내 말을 가볍게 넘겨버린다. 삼신 할매가 누군지도 모르겠지만 내가 생각해도 어처구니없음을 알면서도 두 번째 불만을 늘어놓는다.

언니와 오빠 그리고 남동생 둘의 이름에는 모두 기基자가 들어가는데 나와 여동생 둘은 전혀 다른 이름이다. 이름은 엄마가 알아서 지을 수 있는데 나와 소희는 왜 기基자를 붙여주지 않았느냐고 시비를 걸었다. 한자로는 뜻이 다르지만 모녀가 모두 연(엄마는 連, 나는 然이라 싫다고 했는데 아버지께서 재연在然이라고 호적에 올리셨다고 했지만 시원한 답이 되지는 못했다. 왠지 남아선호 사상에 밀리는 기분이 들어 시큰둥해 있으면 엄마는 선심이라도 쓰듯이 기연基然이라 불러주마고 하지만 내키지 않았다.

내가 아무리 시비를 걸어도 소용없음을 알고 포기하고 자랐다. 그 후 맏이에 대해서도 이름에 대해서도 별 생각 없이 지냈는데 중학교 때 미술 담당이신 부현일 선생님께서 '재연在然이라! 이름이 참 좋다'고 하셨다. 그 뒤로도 몇 번 더 그런 말씀을 하셨지만 무심히 흘려들었다.

고등학생이 되어 어떻게 사는 것이 바람직한 것일까를 생각하다가 오래전 이름이 좋다고 말씀하시던 부선생님이 생각나서 차근차근 내 이름을 다시 생각하게 되었다.

있을 재在 그러할 연然.

어느 순간에 나는 존재 在와 자연 然으로 바꿔서 바라보게 되었다. 자연 속에 있다. 모든 것은 자연스럽다. 그것은 존재하는 모든 것들을 자연스럽게 받아들이라는 말이 아닐까? 그래 이름처럼 살아보자.

다가오는 모든 것을 내 것으로 믿고 기꺼이 보듬어 안으려고 노력했다. 그렇게 삶을 받아들이다 보면 언젠가는 삶 속에 내가 자연스럽게 녹아서 사는 날이 올 것이라 확신을 하면서….

재연在然. 왜 그렇게 지었는지 한 번도 물어보지 못했고 아버지가 안 계신 지금에는 영원히 물어볼 수도 없게 되었지만 어쩜 재연이란 이름은 오래전부터 나의 것이었는지도 모른다고 생각해버렸다. 그래서 문득 아버지께서 그냥 재연이란 글자가 떠올랐을 것이라고 내 맘대로 결론을 내려버리고 자연스레 받아들였다.

자연스럽게 받아들인다는 것이 말처럼 쉽게 되는 것은 아닌 것 같다. 자연스레 있는 그대로 받아들인다는 것은 자신을 비우고 대상을 바라보는 연습을 무수히 해야 하는 것이라고 생각된다. 처음은 어렵겠지만 자꾸 하다 보면 되는 날이 있을 것이다. 그렇게 나이를 먹으면 삶을, 세상을 수월하게 받아들이게 되지 않을까.

그러나 사람이 나이를 먹으면 나이에 비례하여 가슴이 넓어지는 것도 아닌 것 같다. 세월이 쌓이면 삶의 숙련공이 되는 줄 알았는데 그것 또한 아닌 것 같다. 연륜이란 말을 무기로 사람이나 사물에 대해 속단하면서 아집만 높아가는 것을 보기도 하고 나 자신에게서도 느낀다. 살면서 덕지덕지 붙은 군더더기만 나이와 비례하고 있는지도 모를 일이다. 자신이 만든 선입견이 많아서 자신을 비우는 일은 나이만큼 더 많은 노력을 해야 하는 것은 아닐까? 자신을 걸러내는 연습을 하고 또 하는 노력의 보상으로 지혜가 생길 것이다.

벌써 지천명의 나이지만 삶의 명쾌한 답은 아직도 멀다. 더 어렵다는 생각도 하게 된다. 그간 두서없이 끌어안았던 삶의 조각들을 이제는 차분히 정리해야 할 나이인 듯하다.

취할 것과 버릴 것, 계속 밀고 나갈 것들과 포기해야 할 것들을 분류하고 정리해서 삶을 말쑥하게 정리해야 할 시간이 곧 올지도 모른다. 그때 아이들 말처럼 '쿨한 삶'이라고 자신있게 말할 수 있으면 좋겠다. 남은 시간의 한 자락에 큰 나무 그늘 같은 여백을 지닌 삶을 희망하면서 이름을 화두로 삼아 하루하루를 온 맘으로 만나려고 한다.

아버지, 재연在然이란 이름을 선물로 주셔서 정말 고맙습니다.

오빠야

부산을 출발한 시외버스는 마산에서 잠깐 머문다. 한 아가씨가 버스에 올라 창밖을 내다보며 "들어가라. 오빠야"라며 손사래를 친다. 특이한 경상도 억양의 '오빠야'라는 소리에 그만 눈물이 찔끔 나왔다. 이제 나는 사용하지 못하는 '오빠야' 소리.

오빠가 떠난 지도 5년째이니 이제 면역이 생겼을 시간이 흘렀건만 난 아직도 오빠라는 두 글자에 가슴이 먹먹해진다.

오빠에 대한 추억은 내가 초등학생이 되면서부터 더욱 또렷하다. 토목업을 하시는 아버지의 공사현장과 부산 서대신동 우리 집을 오가며 두 집 살림했던 엄마를 따라다니다가 학교에 입학하면서 언니와 오빠가 있는 본가에 합류를 했다. 언니는 9살, 오빠는 5살 위로 또래보다 유달리 작았던 내게는 든든한 울타리였다. 그때부터 나는 '오빠야'를 입에 달고 오빠를 졸졸 따라다니며 오빠의 재산인 구슬이나 딱지를 내가 관리했다. 오빠가 구슬이나 딱지를 많이 따는 날이면 치마폭에 가득 담고 의기양양하게 돌아오기도 했다.

마당에 구멍을 다섯 개 파 놓고 구슬 넣기도 가르쳐 줬고, 삼각형 안에 구슬을 모아 놓고 왕구슬로 쳐내는 놀이도 가르쳐 줬다. 연줄에 풀을 먹이는 날이면 오빠를 도와 아교를 녹이고 사금파리를 곱게 빻아 넣은 그릇에 칫솔을 묻고 있으면 오빠가 돌리는 얼레에 까칠한 연실이 감기곤 했다.

팽이는 돌릴 때와 찍기를 할 때는 줄 감는 방향이 반대라는 것도 알려줬다. 촌팽이는 베어링이 바르게 박혀야 한다며 크레용으로 칠해 보고 망치로 두들겨서는 팽이의 중심을 바로잡기도 했다. 팽이채에 물기를 적당히 묻혀 팽이를 착착 감기게 쳐야 한다며 팽이채에 물을 묻혀주곤 했다.

내가 심심해하는 날이면 친구 대신 공기놀이 상대가 되어 주기도 하고 말뚝박기 말이 되어 주기도 했다. 입이 궁금한 날이면 내게 팔씨름을 해서 오빠를 이기면 과자를 사준다고 했고, 어차피 날 이길 생각조차 없는 줄도 모르는 나는 두 손에 내 몸까지 실어 오빠 손을 넘겼다. 못 이긴 척 빙긋이 웃으며 내게 과자를 사주던 오빠의 얼굴이 지금도 환하게 기억된다.

어느 날 학교에서 돌아오기가 바쁘게 나더러 마루 끝에 서 보라고 했다. 영문도 모르고 서 있는 내 다리를 요리조리 살피더니 혼잣말로 '종아리 생긴 모양으로는 키가 자라겠다'라며 안심이 되는 표정을 지었다. 유난히 작은 내가 늘 걱정이었던가 보다.

나는 오빠의 대변인이었다. 부모님이 심부름을 시키면 언제나 내가 동행했다. 심부름 온 이유를 설명하면 오빠는 전해 줄 물건을 내밀었고 돌아와서도 오빠보다 한발 앞서 종알종알 결과 보고를 했다. 어쩜 그런 내가 귀찮을 수도 있었을텐데 그런 내색한 적이 없는 오빠는 내게 늘 따스한 존재였다.

내가 고등학생이 되어서 내 나름대로 오빠의 마음을 헤아려보았다. 처음으로 부모님이 객지로 떠나시고 언니랑 둘이(돌봐주는 먼 친척 언니가 있기는 해도) 남았을 때 방과 후 오빠는 언니가 올 때까지 기다릴 때 좀은 외로웠을 것 같다. 그러다가 내가 합류하면서 상황이 달라졌다. 오빠 꽁무니를 따라다니면서 쉴 새 없이 조잘거리는 내가 태엽만 감아주면 혼자서 잘 움직이는 장난감 같아서 덜 심심했는지도 모르겠다. 게다가 태엽을 감아주지 않아도 알아서 조잘거려주니 기대 이상이었을까? 그래서일까? 늘 '그래 그래'라는 따스한 눈빛으로 나를 바라보는 오빠였다.

오빠는 말수가 적었다. 밥 먹을 때가 아니면 오빠가 집에 있는지 없는지도 알 수가 없다고 엄마는 종종 말했다. 독백 같은 엄마의 말이 약간 슬프게 들릴 때가 있었지만 정확히 뭣 때문인지 알지 못했다. 언제부터인지 오빠는 간혹 오후 늦게 돌아오곤 했다. 말더듬 교정을 다닌다고 했다. 엄마는 내성적인 오빠가 부모님과 떨어져서 지내다보니 말을 더듬게 되었고 그 즉시 고쳐주지 못한 것에 늘 미안해하고 있었다.

어느 토요일 오후였다. 그날은 오빠랑 함께 버스를 탔다. 마침 아버지 공사현장이 범일동(같은 부산)에 있어 우린 토요일 오후에 부모님께 갔다가 일요일 저녁에 돌아오곤 했다.

범일동까지는 아직 몇 정거장이 남았는데 초량에서 내렸다. 말더듬 교정을 하고 간다고 했다. 그곳에서 또 다른 아이들과 말더듬 교정을 하는 것을 보게 되었다. 그때 엄마의 독백에서 느꼈던 한숨을 알 것 같았다. 그때 나는 스스로 다짐했다. '오늘 이후로 나만이라도 오빠 맘을 상하지 않게 해야지'라고.

지금 생각해도 조그마한 가슴에서 그런 대견한 생각을 한 것이 신통하다. 그리고 나 자신과의 약속을 잘 지키며 살았다. 그래서일까? 언젠가 동서는 내가 동생이 아니라 누나 같은 착각을 한다고 했다. 그런 오빠에게 마지막 인사를 해야 할 순간이 왔다. 사경을 헤매는 오빠를 보면서 작별의 말로 사랑이란 단어를 준비했다.

사랑, 나는 아직 그 누구에게도 사랑이란 말을 해 본 적이 없다. 사랑한다고 내뱉는 순간 그만큼의 부피가 줄어들 것 같기도 하고 사랑을 말하는 순간의 정점이 얼마나 지속될 것인가에 대한 자신이 없기도 한 것이다.

법정 스님 말씀처럼 '사랑합니다'는 곧 '오해합니다'라는 말에 나도 손을 드는 사람이다. 누군가가 내게 사랑한다고 말하면 일단 보류하고 싶다. 사랑이란 단어는 아끼고 아꼈다가 완료형으로 쓰는 것이라고 생각했다.

암세포에 몸을 빼앗긴 지 2년 만에 배는 복수로 차서 풍선 같고 숨은 턱밑에 왔다. '재연아, 대변 한번만 시원하게 봤으면 좋겠다'라고 말하는 오빠를 보면서 이젠 어쩔 수 없이 완료형의 하직인사를 해야만 했다.

'오빠야, 고마웠데이. 그라고 사랑했데이. 알제 오빠야, 이제 고통에서 벗어나 편이 쉴 곳으로 잘 가라 오빠야.'

온 마음을 모은 말을 소리도 내지 못하고 목구멍으로 꿀꺽 삼켰다.

주책없이 왜 또 눈물이 날까. 부모가 돌아가시면 그래도 하늘이 보이지만 동기간이 죽으면 하늘조차 보이지 않는다고 하더니 언제라도 오빠 생각만 하면 또렷한 아픔에 눈시울부터 젖는다.

그 옛날 연을 높이 날리는 날이면 오빠는 하늘에 쪽지를 보내 보라고 했다. 연줄에 종이를 매달면 파르르 문풍지 우는 소리를 내며 하늘로 향해 얼레에서 멀어지던 하늘 편지. 오늘 오빠에게 하늘 편지를 보낸다. 먼저 알고 벌써 문 앞에서 나의 편지를 기다리고 있을까? 예전에 목욕탕 앞에서 날 기다리던 오빠의 모습이 떠오른다. 홍진열을 잘못 풀어서 몸이 가려웠던 나를 엄마는 동래 온천에 자주 데리고 다녔다. 엄마가 집안일로 함께 가지 못할 때면 준비한 도시락과 함께 나를 오빠에게 부탁하곤 했다.

아침 일찍부터 느린 걸음으로 가는 전차를 타고 가다가 다른 노선의 전차로 바꿔 타고 또 한참을 가야 했다. 언제나 먼저 나온 오빠는 소나무 아래서 조용히 날 기다리고 있었다. 빨리 좀 하면 안 되냐는 지청구 한 번 없이 목욕탕 문만 바라보던 오빠는 동구 밖에서 자식을 기다리는 아버지 같았다. 돌이켜 생각하니 나를 기다리지 않게 하려고 매번 바쁘게 나왔던 것 같다. 오빠는 오늘도 그때처럼 일찍 나와 기다리고 있을지도 모르겠다. 언제나 내 편이었던 오빠에게 따스한 추억을 많이 주고 가서 고맙다고 적어 보낸다.

그리고 구름이 너무 아름다운 가을 하늘에 '오빠야'하고 불러본다.

아버지와 겨울

학교를 다니면서 부모님과 떨어져 있는 시간이 많았던 내가 아버지의 존재를 느끼는 시간은 겨울이었다. 토목업을 하시던 아버지는 공사현장을 따라 어머니와 함께 객지 생활을 많이 하셨는데 겨울철이면 일을 하지 않고 집에 머물러 계셨다.

겨울이면 가족이 모두 모였고 엄마가 계시는 집은 반짝반짝 윤이 났다. 겨울밤마다 화로에 숯불을 넣어주는 엄마 옆에서 우리들은 왁자지껄 신이 났었다. 그렇게 좋으면서도 언니와 오빠는 약간 조심스러웠다. 아빠라는 호칭은 감히 생각지도 못하던 시절에 과묵한 아버지가 집에 계신다는 것만으로도 조심해야 한다는 것을 아는 나이의 언니와 오빠는 아버지를 간혹은 손님처럼 어려워했던 것 같다. 그러나 나는 아버지께서 계시는 것만으로 제대로 갖춘 것 같아서 좋았다.

내 첫 번째 취미생활은 필통정리였던 것 같다. 연필을 여자들이 미장원에서 머리 손질하듯이 깎았다. 아주 얇고 길게 연필을 깎으면 나무가 파마를 한 것처럼 끝이 동그랗게 말린다. 모양도 모양이지만 깎을 때마다 나는 나무 냄새가 좋아서 부지런히 연필을 깎았다. 그렇게 날렵하게 깎은 연필들을 키 순서대로 가지런히 놓고 그 옆에 지우개랑 칼을 나란히 눕혀놓은 내 필통을 보면서 간혹 친구들이 연필 깎아주길 원하면 언제나 흔쾌하게 연필을 깎아주곤 했다.

그런데 간혹 말썽을 부리는 연필이 있었다. 연필 한쪽은 곱게 깎아지는데 반대쪽은 칼을 들이대기 무섭게 나무가 쩌억 떨어져 나갔다. 몇 번을 해도 마찬가지여서 끙끙대고 있는데 아버지께서 '이리 줘봐라. 연필 만들 때 나뭇결을 반대로 부쳐서 그런 것이니 거꾸로 깎아야 한다'고 하시며 연필심에다 칼을 대고 칼을 치켜 올리며 거꾸로 깎으니 나무가 얌전하게 깎여나갔다. 그 순간에 내 생각이 조금 자라는 것을 보았다. 엄마와 아버지는 늘 부모님이란 한 뭉치의 생각에서 엄마는 여자이고 아버지는 남자라는 생각이 들었고 남자는 좀 다르다는 생각과 함께 아버지가 크게 보였다. 그건 엄마라는 아기자기한 꽃밭에 아버지라는 크고 푸른 나무가 있어 조화로운 울타리 속에 내가 있구나 하는 생각으로 춥지 않았던 겨울밤의 기억이다.

초등학교 4학년쯤이었던 것 같다. 교실에선 대바늘 뜨개질이 유행이었고 모두 목도리를 만들어 겨울을 따뜻하게 보내겠다는 야무진 생각들로 경쟁적으로 뜨개질을 하고 있었다. 늘 우리들 스웨터를 뜨개질하는 엄마 어깨너머로 앞뜨기와 뒤뜨기는 알고 있었지만 처음 시작하는 코는 만들 줄을 몰랐다.

　엄마가 자투리 실로 만들어준 코에다가 열심히 뜨개질을 했다. 하루 사이에 길어진 목도리를 친구들에게 보여줄 욕심으로 붉은 백열등이 가끔씩 깜빡거려도 기죽지 않고 뜨개질에 푹 빠져 있을 때였다.

　"뜨개질은 그렇게 하는 것이 아니다. 이리 줘봐라."

　아버지의 목소리에 고개를 들었다. 옆에서 무심히 신문만 보고 계신 줄 알았는데… 아버지가 아니 남자가 뜨개질을 할 줄 안다는 말인가? 약간 미심쩍은 마음으로 실과 바늘을 드렸다.

　"그렇게 실을 바짝바짝 당기면서 뜨면 털실의 탄력이 없어지지. 실을 당기지 말고 살짝 바늘 위에 얹어서 조금 느슨하게 걸어 올려야지. 그래야 돌아올 때 대바늘도 수월하게 들어가고 공기집도 생겨 따뜻한 목도리가 되지."

　엄마처럼 능숙한 손놀림은 아니었지만 나보다 빠르고 고르게 뜨개질을 하시는 아버지가 신선한 모습으로 다가왔다.

　엄마라면 어땠을까? 만약 내가 이유를 물으면 뜨개질은 그냥 그렇게 하는 것이라고 말했을 것이다. 탄력이니 공기집이니 하는 과학적인 설명을 하지는 못했을 것이라고 내 맘대로 생각했다. 남자들은 부엌에 들어가는 것이 아니라고 오빠에게 말씀하시던 아버지께서 뜨개질이라니! 뜨개질은 여자들만 하는 것이라는 내 고정관념을 깬 아버지가 좀 생소하면서도 정겨운 느낌이 들어 새롭게 보였다. 아버지는 힘의 상징이었고 안방에 우뚝 자리 잡고 앉아 있는 존재로 생각했던 내게는 신선한 충격이었다. 남자들도 섬세하고 감성적일 수도 있다는 사실을 느낀 날도 마당엔 찬바람이 머무는 겨울밤이었다.

그 겨울밤 덕분에 언니와 오빠는 여전히 어려워하는 아버지를 나는 엄마 이상으로 편하게 대하게 되었다. '아부지예'라고 부르는 내 목소리에 조금씩 응석이 묻어났고 언니와 오빠도 그것을 알아차렸는지 아버지께 부탁할 일이 생기면 나를 대변인으로 보내게 되었다. 똑같은 아버지인데 언니와 오빠는 근엄한 아버지로 나는 엄마와 같은 그냥 아버지로 되었다.

그해는 어정거리다가 정월 대보름날에야 새해인사를 가게 되었다. 왔냐는 말도 없이 내 옆으로 오신 아버지께서 '재연아 올해는 갈란다.'라고 하셨다. '에이, 아부지도!'라고 대응하려다가 느낌이 이상하여 물끄러미 아버지 얼굴만 쳐다보았다. 아무 탈 없이 건강하신데… 설마! 그런데 친정 다녀온 지 보름도 되기 전에 다녀가라는 엄마 전화를 받고 갔을 땐 이미 말씀도 할 수 없었고 왼쪽은 마비가 와 있었다. 여전한 것은 따스한 눈빛뿐이었다.

딸이 보내준 잠바라고 매일 입을 때마다 좋아하셨다며 머리맡에 걸려 있는 잠바를 엄마가 가리키자 아버진 그냥 미소를 지으셨다. 한쪽 근육이 굳어 어색한 표정이 나를 부끄럽게 만들었다.

그 잠바는 남편이 외출할 때를 생각해서 구입한 것인데 상표가 붙은 상태로 옷장에 2년 넘게 걸려 있었다. 농사꾼이 외출복이 뭐 필요하냐는 남편의 고집에 그 잠바 어느 세월에 입을지도 모르겠기에 아버지께 보낸 것인데 세상살이 마지막 겨울을 딸 보듯이 즐겨 입었다는 말에 가슴이 뜨끔했지만 딸은 별수 없다는 죄책감을 숨기고 아버지 옆에서 하루 자고 돌아왔다.

이틀 뒤 운명 소식을 듣고 다시 갔을 때 명주 두루막을 곱게 입고 반듯이 누워 계셨다. 아버지의 발에 신겨진 날렵한 버선코가 눈에 들어왔다. 묘하게도 내가 본 모습 중에 최고였다.

당신의 성품이나 삶처럼 소박하고 단아했다. 그래서일까? 섭섭하긴 했어도 편안한 맘으로 아버지와 이별을 한 날도 겨울의 끝자락이었다.

이 무더운 삼복에도 내 마음은 겨울에 머물러 있다.

간밤엔 가슴에 울컥 올라오는 불덩이 때문에 자려다 말고 한밤중에 들길을 휘적휘적 걸었다. 내 맘이 몹시 외로워서인지 요즘 부모님이 무척 보고 싶다. 부모님을 생각하면 미안하고 내가 너무 바보 같다는 생각만 든다. 어떻게 살 것인가? 엄마처럼 의연하게 살 수 있을까? 아버지처럼 담백하게 살 수 있을까?

친정 모임에 늦게 도착하는 나를 보며 아버지 편이 와서 좋겠다고 익살스럽게 전하던 언니의 말도 새삼 그립다. 그럴 때마다 아무 말없이 마루 끝에 나오셔서 반가운 눈빛을 보내시는 아버지께 약간의 콧소리로-그건 암호처럼 아버지만은 느낄 수 있었을 것이다-아부지예 부르면 그만이었다.

그랬다. 다른 사람들이 모두 아니라고 말하더라도 '너라면 맞다'고 믿어준 끔찍한 내 편. 눈물나게 보고 싶은 내 편이었던 아버지. 별들이 초롱초롱한 여름밤 하늘을 보며 '아부지예!' 불러본다. 그건 아직도 겨울인 내 가슴에 따뜻한 불씨 하나를 밀어 넣는 것이다.

겨울 아침 햇살이 깊숙하게 방 안으로 들어온다.
아버지의 눈빛 같은 햇살이 내 얼굴 위로 내려앉는다. 낮고 부드러운 아버지의 목소리도 함께 묻어 있는 듯하여 팔다리를 늘이며 '녜 아버지' 하면서 눈을 뜬다. 커튼을 열고 따사로운 햇살을 맞이한다. 온기 가득한 햇살로 만나는 아버지 덕분에 나는 아이처럼 즐겁다. 그래서 겨울도 춥지가 않다.

형 제

작은아들이 태어나던 날은 한더위가 지났다고는 해도 낮에는 나뭇잎이 고개를 아래로 떨구는 8월 말이었다. 시설이 영세한 모자보건센터에는 마땅한 보호자 대기실이 없어 복도 의자에 쪼그리고 앉아 더위에 시달리고 있는 친정 엄마를 보고 있자니 마음이 불편했다. 어차피 아이는 내가 낳을 것인데 엄마까지 힘들 것이 뭐 있나 싶어 큰아들을 데리고 집에 가서 기다리시라고 했다.

간호원이 날더러 보호자 어디 있느냐고 했고 보호자가 없으면 안 되냐고 되묻는 나를 이상한 아줌마란 눈빛으로 바라본다.

첫아이 출산 때는 모든 것이 두려워서 병원 신세를 졌는데 생각보다 쉽게 아이를 낳고 보니 병원비가 너무 아까웠다. 직장 의료보험이 막 시작되었을 때라 의료보험 혜택을 받을 수 없는 내겐 병원비가 만만치 않았다. 그래서 둘째는 산파가 돌봐주는 모자보건센터를 이용했다. 모자보건센터에는 나 같은 임산부들로 가득했고 좁은 건물을 비집고 다니는 임산부들의 불룩한 배가 여름 대낮을 더욱 후끈하게 만드는 것 같아 밖으로 나와 길을 걸었다. 마침 내가 태어나서 시집가기 얼마 전까지 살았던 동네라 길들이 익숙했다. 길을 내려다보는 내 눈에 불룩한 배가 보이자 갑자기 방정맞은 생각이 들었다.

'엄마 동생 잘 낳아주세요' 인사하고 가자는 외할머니 말을 기다렸다는 듯이 허리를 깊이 숙여 인사하고 할머니 손을 잡고 사라지던 큰녀석의 뒷모습이 밟혔다. 태어나서 날 처음으로 떨어지게 된 녀석이 익숙하지 않는 외할머니를 따라가지 않겠다고 하면 어쩌나 걱정했는데 뭘 알기라도 한다는 듯이 순순히 사라지니 왠지 작별의 인사 같기도 하고 괘씸하기도 했다.

큰녀석을 가졌을 때 태몽에는 똑같은 모양이 2개씩 보였고 산달에는 방어진에서 고래를 보는 꿈을 꾸었었는데, 이번에도 마지막 달에 잉어 꿈을 꾸었으니 딸이었으면 하는 내 바람과는 달리 또 아들이면 어쩌나 하는 생각이 들었다.

'아들입니다' 하는 간호사의 말에 나도 모르게 한숨을 쉬었나보다. '첫째도 아들인가 보죠'라고 간호사는 말했고 어쩜 나는 딸을 낳을 수 없을지도 모르겠다는 실망감으로 작은 소리로 예라고 대답했다.

다음 날 아침에 온 엄마는 우리집 딸들은 딸을 낳을 줄 모르는가보다고 하셨다. 그러고 보니 고모는 아들만 셋, 언니도 아들만 둘, 거기에 나까지도 아들만 둘이 되었다.

"밥 주슈."

산 넘어 중학교 잔디구장에서 어둑할 때까지 축구를 하고 땀범벅이 되어 돌아온 두 아들이 앉자 식탁이 꽉 찬다. 짙은 땀 냄새를 풍기며 밥을 먹는 모습을 기분 좋게 바라보면서 저렇게 큰 녀석들이 어디서 왔을까? 하는 엉뚱한 생각 끝에 나도 살면서 큰일 하나는 했구나 하는 생각을 했다.

아주 오래전 산이 시작되는 곳의 외딴집에서 가족들의 늦은 귀가를 기다리던 밤이었다. 혼자라면 무서울 수도 있는 상황인데 아무것도 모르는 세 살짜리 선鮮이와 젖먹이 원源이가 있다는 것이 왠지 든든하게 느껴졌다.

냉정하게 생각해보면 그 밤 내가 무서워하는 상황들이 - 도둑, 강도, 화재 등등 - 막상 내게 닥치면 두 녀석이 오히려 짐이 될 수도 있는데 그 꼬물꼬물 움직이는 두 생명이 있어 마음이 든든하다니!

난 두 녀석을 품에 안고 사람 인人자의 의미를 깨달았다. 그리고 엄마가 된다는 것이 축복이란 생각이 들었고 부모와 자식은 종적인 관계가 아니라 횡적인 관계란 생각으로 녀석이 자라는 것을 바라보곤 했다.

걸음마를 배우면서 원이는 내 시야를 조금씩 벗어나서 선이랑 노는 시간이 많아졌다. 예쁜 머리핀을 보면 딸이 없어 섭섭하곤 했는데 공 하나만 주면 둘이서 주거니 받거니 종일 잘 노는 녀석들을 보면서 내겐 딸이 좋을지 몰라도 녀석들에겐 형제여서 더 좋아 보였다.

그날도 원이는 선이 뒤꽁무니를 졸졸 따라다니더니 방에서 코코 블록을 쌓고 있었다. 원이가 뭔가 도움을 청하려고 "형님아"하고 부르는데 그 소리가 내 가슴을 쿵 쳤다. 그 소리는 내가 여태 알고 있던 모든 소리들과는 비교할 수 없을만큼 아름답게 들렸고 내가 알고 있는 어떤 낱말들보다 뿌듯하게 들렸다.

형님아!
그 소리는 또 다른 작은 세상을 함께 여는 소리였다. 내가 떠난 뒤에도 변함없이 남아 있을 세상. 그게 형제구나. 부모가 더 이상 울타리가 되어줄 수 없는 시간이 온다고 해도 형제가 있어 서로에게 버팀목으로 외롭지 않게 살아갈 수 있다는 사실이 얼마나 고마운 일인가. 혼자가 아니라서 얼마나 다행한 일인가 하는 생각이 든다.

녀석들이 알아듣든 못 알아듣든 상관 않고 세상에서 가장 중요한 사람은 엄마도 아빠도 아닌 너희 둘이라고 자주 말해주곤 했다.

녀석들이 중학생이 되면서 내 키를 넘보더니 잠깐 한눈판 사이에 녀석들의 시선 아래 내가 있었다. 그때 나는 이미 아들들에게 받아야 할 것들은 모두 받았다는 맘이었고 그 후는 덤으로 녀석들이 주는 것이란 생각을 했다.

선이는 간혹 팔을 들어 제 겨드랑이에 내 어깨를 끼워주면서 보호자 역할을 하려 든다. 내가 싱크대 앞에 있을 때 원이는 축구공 킥하는 시늉으로 내 엉덩이를 차는 것으로 애정 표현을 대신한다. 그럴 때마다 세상에서 밑지지 않는 장사는 자식 장사라는 생각을 하면서 씨익 웃어준다.

공익 근무를 끝낸 원이 운전면허 취득을 위한 연수를 선이가 해준다고 나란히 차에 오르는 모습을 보면서 처음으로 나란히 학교 가던 뒷모습을 한참씩 바라보던 봄날을 떠올린다.

남편에게 운전 연수를 받았던 선이와는 판이하게 다르다. 부자간에 차를 타고 나갈 때의 얼굴과 연수를 하고 돌아와 차에서 내리는 부자의 모습이 너무 달라서 옆에서 지켜보는 나를 긴장시키게 만들곤 했었다. 아버지는 아들이 조심성이 없다고 말했고 아들은 차라리 돈을 주고 연수를 하는 것이 좋겠다고 투덜거리는 것을 보면서 어쩔 수 없는 부모 자식 간의 세대차를 느끼곤 했었는데 형에게 연수를 받는 원이는 다르다.

어떻게 가르치느냐고 물으면 그냥 알아서 차를 가지고 놀아보라고 말하고 옆에서 지켜보기만 하면 된단다. 같은 세대, 같은 느낌, 같은 방법이 통하는 형제라는 것이 이렇게 편안한 것이구나 하는 생각을 하게 된다. 원이는 형이 있어 참 좋고 선이는 동생이 있어 좋고… 그리고 둘이 친구 같아서 더욱 좋은 것이다.

나보다 몸무게가 더 많이 나가는 녀석이 20대 청년임에도 불구하고 지금도 '형님아'를 부를 때면 목소리가 달라지는 것을 종종 느낀다. 형과 이야기할 때는 내게도 부리지 않는 응석이 여기저기 묻어나는 것을 보는 것도 녀석들이 내게 덤으로 주는 행복이다. 그리고 내가 없는 세상에서도 지금처럼 살아가길 기도한다.

　형제라는 단어는 커다란 에너지로 느껴진다.

알지 못합니다

　　　　　　　　　　　벽에 기대어 수안 스님의 그림을 바라본다. 간결한 선으로 그려진 엎드려 절하는 뒷모습 그림이다. 그림 위쪽에 '알지 못합니다'라고 적어 둔 글귀를 자꾸 읽는다. 가슴이 뜨거워 온다. 그 뜨거움으로 자신을 뒤돌아본다.

　스무 살 즈음에 어떻게 시간을 엮을 것인가를 자문해 보곤 했다. 자기 성실이란 답을 만들었다. 자기 성실의 구체적인 방법이 뭘까? 그건 사람과의 관계를 성실히 하는 것이라 생각했다. 모든 만남은 상호관계를 맺으니 그 관계에 진솔하면 무난한 삶을 살 수 있을 것이라 생각했다.

　나와 상대의 자리와 역할을 바꿔 보기도 하고 최선이 무엇이며 어디까지 지켜야 하는 선인가를 생각하며 열심히 내 앞에 오는 것들을 끌어안으려고 했다. 그래서인지 언제나 내 곁에는 좋은 인연들이 있었다. 늘 좋은 이웃은 삶의 감사함과 포만감을 주었다.

　그러다가 결혼하여 새로운 가족을 만나면서 선택할 수 있는 인연과 선택할 수 없는 인연의 차이가 얼마나 다른가를 맛보게 되었다. 생각의 전환이 필요했다.

　가슴이 막히면 많은 사람들은 팔자라는 말을 만병통치약처럼 쓰곤 한다. 왜 막막한 것을 팔자라는 말로 자신을 위로하는 것일까? 나도 팔자라는 단어에 매달려 보았다. 그건 어른들이 내뱉는 말에는 나름의 지혜가 있기에….

　흔히 팔자라는 말은 고칠 수 없는 숫자 8에 비유한 말이라고 들었다.

　그런데 또 한편에는 팔자를 고치라는 말이 있다. 이 상반된 말은 뭘까. 무엇인가 있을 것이다.

　이건 분명 받아들이는 방법에서 답을 구할 수 있다는 암시인지도 모른다. 8자가 어떤 조화를 부리면 해답이 될 것이란 가정을 붙들고 끙끙거렸다. 알지 못합니다라는 말과 함께.

　어느 날 문득 무한대의 기호(∞)가 생각났다. 고칠 수 없는 숫자 8을 눕히면 무한대의 기호가 된다. 그래 8자를 눕히는 것이 삶의 방법인가 보다. 내 삶을 긍정적으로 받아들여 팔자를 편하게 눕혀보자. 그러나 8자는 오뚜기처럼 자꾸 일어났다. 그리고 악연이란 더 큰 문제를 들이밀곤 했다. 악연의 시작은 어디쯤일까. 서로의 진실이 받아들여지지 않는 순간부터 악연이란 생각이 들면서 가슴이 아프기 시작했다.

　기억할 수 있는 내 모습 어디쯤에서 잘못되어 단추를 잘못 끼운 느끼이 되었을까. 나름대로 열심히 삶을 긍정적으로 살려 했던 내 진실 어디쯤이 잘못되어 멍자욱이 남은 것일까.

억울하다는 생각도 들었다. 마구 토해 버리고 얼마쯤은 지워버리고도 싶었다. 그런 와중에서도 이성이 감정을 지배하지 못하면 또 다른 악연을 만들 수 있다는 생각도 들었다.

악연으로 맺어진 순간이 있으면 악연을 풀어야 하는 순간도 가져야 하는 것이 아닐까. 그 악연의 고리는 어떻게 풀어야 하나. 그러면서 내 기억 속에서는 찾을 수 없는 업이란 걸 조금씩 감지할 수 있을 것 같았다. 악연, 업, 고리를 푸는 것에 대한 생각을 하다가 마흔을 바라보는 어느 여름날 절에 발을 들여놓았다. 마음은 여전히 해답을 구하지 못하고 혼란하던 어느 날 문득 어릴 적 생각이 났다.

고약이었다. 검은 고약 덩이와 함께 들어 있던 조그마한 흰색 고약. 엄마는 넓게 편 검은 고약 한복판에 흰 고약을 쬐끔 놓고는 종기 숨구멍에 흰 고약을 올려놓으시며 종기의 뿌리를 빼야 한다고 했다.

그래 맞다. 여태껏 내가 믿었던 좋은 관계라는 것은 서로의 합일을 꿈꾸었던 것인지도 모르겠다. 의식하든 못하든 그것이 집착을 만들었던 것은 아닐까. 애정이란 이름으로 진실이란 이름으로 바뀌어 있는 집착을 본다. 벌겋게 부어오른 상처가 악연 때문이라고 생각했는데 자세히 들여다보니 그 한복판에 집착이란 뿌리가 자리하고 있었던 것이다. 이제 종기의 가장자리는 가라앉기 시작했지만 질긴 집착의 뿌리는 지금부터 자신과의 싸움으로 뽑아야 한다. 생각의 많은 부분이 집착이었음을 인정하고 차근차근 풀어나가는 것이 그리 쉽지만은 않을 것이다. 조금은 한 발짝 떨어져서 관망하는 사고의 습성으로 바꾸려니 시행착오의 연속이다. 그뿐이겠는가. 앞으로 만날 또 다른 숙제들도 줄을 섰을 것이다.

생각의 끈을 놓지 않으려고 무던 애를 써보지만 잡힐 듯하다가 어느 순간 다시 미궁으로 빠진다. 정말이지 언제쯤 팔자를 늪혀 무한대를 이룰지 알지 못합니다.

잘 알지 못합니다.

part 2
4월 덧셈에서 10월 뺄셈까지

자전거

'그녀의 자전거가 내 맘속으로 들어왔다'
어느 의류 광고에서 자전거라는 낱말이 내 맘속으로 들어왔다. 무슨 이유인지는 모르겠지만 자전거를 생각하면 그냥 기분이 좋아진다. 마흔이 넘어 들판 가운데로 이사를 오면서 내 서툰 솜씨로도 이곳에서는 자전거를 탈 수 있겠다는 생각에 처음 보는 동네인데도 낯설게 보이지 않았다. 20대 초반의 어느 날 자전거를 배운다고 몇 시간 타본 것이 전부이지만 방해물이 없는 들길이니 살금살금 타보자는 맘으로 천천히 패달을 밟았더니 그런대로 자전거가 앞으로 달렸다.

하우스 일을 마치고 저녁밥 짓기 전 틈새 시간에 자전거를 타고 들판을 한 바퀴 돌면 마음이 상쾌하면서 편안해진다. 그날은 아버지가 보고 싶어서 자전거를 타고 들판으로 나갔다. '걱정 마라. 내가 널 얼마나 좋아했는데. 내가 지켜주마' 생전에 그렇게도 말씀이 없으셨던 아버지께서 꿈에서 하신 말씀이 너무 생생하여 눈물이 났다. '아버지!' 속으로 아무리 작게 불러도 내게 보내주시던 온화한 눈빛이 너무 선명해서 또 눈물이 흐른다. 눈물을 감추려고 자전거를 타고 들판을 달렸다. 푸른색 물결이 되어 흔들리는 보리밭을 빠져나와 내가 아버지를 느꼈던 순간들을 되새김질하면서 바닷가를 서성거렸다. 필름을 거꾸로 돌리다가 아버지라는 커다란 존재를 알아차린 날을 만났다.

 손이 조금 시렸던 기억으로 봐서 여섯 살 초겨울 때쯤인가 보다. 아버지께서 공사현장을 둘러보러 가실 때 종종 나를 데리고 나가셨다.
 굵은 자전거 지줏대에 나를 옆으로 앉히고 아버진 자전거 페달을 밟기 시작하셨다. 비포장 시골길 여기저기에 뒹구는 돌멩이를 요리조리 피하면서 천천히 굴러가는 자전거 앞바퀴를 보고 있었다. 조금 가다가 자전거를 멈춘 아버지께서는 나를 짐 싣는 곳에 앉혔다. 조금 가다가 다시 앞으로 옮겨지고 또다시 뒤로…. 이유도 모르고 아버지 팔에 안겨 앞뒤로 옮겨지고 있었다. 초겨울 짧은 해가 서산으로 기울자 바람이 더욱 차가워졌다.
 '내 주머니 속으로 손 넣고 아버지 허리 꼭 잡고 등에 납작 붙어라' 그때 나는 알 것 같았다. 바람을 막아주시려고 바람의 방향이 바뀔 때마다 앞으로 뒤로 나를 옮겼다는 것을 알아차리자 아버지의 등이 한없이 크고 따뜻하게 느껴졌다. 말씀이 없으신 아버지를 다른 형제들은 약간의 거리감을 가지는데 나는 전혀 그렇지 않은 것도 그날 나른하게 따뜻한 아버지의 등을 알았기 때문이었던 것 같다. 언제나 변함없는 내 편 - 그것이 부모님인 것 같다.

  자전거 앞뒤 바퀴 사이에 있는 안장에 오르면 내 양쪽에 엄마 아버지가 계신 것 같아 응석을 부리던 어린아이로 돌아가는 듯한 착각에 즐거운 마음이 된다.

  그래서 기분이 울적하거나 누군가가 그리울 때 또는 행복할 때도 자전거를 타고 들판을 달린다. 들판 끝에 바다가 닿아 있지만 힘껏 페달을 밟으면 ET의 마지막 장면처럼 하늘로 날아오를 수 있을지도 모른다는 엉뚱한 생각으로 하늘을 본다. 흰 구름이 아름답다. 따스한 미소를 보내는 엄마 아버지 얼굴이 흰 구름 사이로 보인다.

여 명

　　　　　　　　　신혼여행에서 돌아온 나를 오빠가 불렀다. 내 결혼식 방명록 첫 번째 줄에 적힌 이름을 가리키며 박철이란 사람을 아느냐고 물었다. 처음 보는 이름이었다. 이름으로 봐서 남자라는 추측만 되어 오빠가 아는 사람인지 잘 생각해 보라고 했다.

　며칠 후 친구들을 만나러 늘 가던 다방으로 갔다. 그 당시 광복동과 남포동에 걸려 있는 간판들을 보면 대충 그곳을 애용하는 사람들의 연령대를 짐작할 수 있었다. 카페는 칵테일과 커피를 함께 파는 곳으로 커피값이 좀 비싼 곳이고 커피숍은 젊은 층이 모이지만 조용한 음악이 흐르고 숙녀들이 많이 가는 곳이고 음악다방은 주체할 수 없는 젊음이 붕붕 날아다녀 큰소리가 아니면 대화를 할 수 없는 곳이었다.

　다실은 멋쟁이 노틀들이 모이는 장소였고 다방은 젊은 층에서 노틀로 넘어가는 어중간한 나이의 사람들이나 사무적인 용건으로 오는 직장인들이 주를 이루고 있었다. 누가 그렇게 하라는 지시가 있었던 것도 아닌데 사람들은 자연스레 구분되게 만났다.

학교를 졸업하고 '이젠 시집가야지? 언제쯤 시집가냐? 신랑감은 맞춰 놓았냐?'라는 질문을 받기 시작할 때쯤 유조라는 친구가 어쩐지 성싱한 아이들 눈치가 보인다며 커피숍을 은퇴하자고 했다. 그래서 찾은 곳이 미화다방이었다.

먼저 그곳을 이용하던 직장인들보다는 우리들이 좀 상큼했는지 – 내 생각으로는 아담하면서 어디서나 눈에 띄는 예쁜 혜영이와 늘씬하고 유난히 하얀 미인이었던 유조 덕분이었던 것 같다 – 주인은 곧 우리들을 알아보고 단골 대열에 넣어주었다.

그날도 미화다방을 들어서면서 고개를 끄덕이며 인사하자 '신혼여행 잘 갔다 왔어요!'라고 주인 남자가 반갑게 맞아줬다. 얼떨결에 '아! 예'라고 답하고 계면쩍은 얼굴로 자리에 앉는 내게 유조가 청첩장을 줬단다. 결혼 축하한다면서 과자 접시를 직접 들고 온 주인 남자가 '결혼식이 겹쳐 일찍 갔더니 내가 일등이던데'란다. 문제의 박철이란 사람이 바로 다방 주인이었다.

우린 왕단골이라고 영옥이 말했고 고맙다고 말하는 나도 좀 웃긴다는 생각에 괜스레 다방을 휘둘러보았다. 미화다방은 좀 넓은 사무실 같은 분위기였다. 깔끔한 벽에 화려하지 않은 조명등이 어둡지 않게 불을 밝히고 있고 단조롭지만 편하게 생긴 의자가 등을 받쳐주는 곳이었다. 유일한 장식은 카운터가 있는 벽을 제외하고 삼면의 벽에 유화가 걸려 있는 것이었다.

　그림은 유명한 화가나 관록이 있는 화가가 그린 그림 같지는 않고 미대생쯤의 그림처럼 보였다. 자리를 바꾸어가며(자주 가는 단골이니까) 그림 구경을 했는데 그중 한 작품이 유난히 내 마음을 끌어 그 그림 앞에 자주 앉았다.

　10호가 될까 말까 한 화폭의 대부분을 까만 산이 차지했고 검은 산 위로 뿌옇게 밝은 하늘이 그려져 있었다.

　어느 날 그림 앞에서 커피를 마시다가 친구들에게 물었다.

　"이 그림 언제 그렸을까? 해가 질 때 같냐? 해 뜰 때 같냐?"

　"해 질 녘"

　"석양"

　"노을"

　합창이라도 하는 듯이 유조, 혜영, 영옥이 답했다.

　단어가 다를 뿐 모두 해가 질 무렵이라고 말했다. 너무 쉬운 문제라는 듯이. '내가 보기에는 해 뜨기 직전 같은데 어디가 해 질 녘 같냐?'라고 반문했더니 모두들 뿌옇지만 옅은 노란색 하늘이 노을이란다.

　내 눈에는 하늘보다 산이 먼저 눈과 마음에 들어왔는데 친구들은 하늘이 먼저 눈에 띄었나 보다. 그림 속의 산은 휴식을 취한 후 깨어나는 것처럼 기분 좋게 보였다.

　까아만 산이 무겁게 보이기는커녕 윤기가 자르르 흐르는 것이 금방 기지개를 켤 것처럼 보였다. 때맞춰 해님이 고개를 내밀려고 산 바로 뒤에서 잠깐 멈추고 있어 뿌연 하늘에 약간의 노란빛이 새어 나온 것 같았다.

석양의 산이라면 종일 지친 피로가 산 어디쯤에 회색으로 남아 있을 듯도 싶은데… 노란빛은 석양에만 있냐? 내 느낌으론 여명인데… 산에 생기가 돌지 않냐? 다시 한번 자세히 보라고 친구들을 졸랐다.

"그게 너다. 넌 언제나 긍정적인 시선을 갖고 있다. 그래서 우리와 다르게 여명으로 보인다."

유조가 도사 같은 목소리로 결론을 내리는 순간 아주 짧은 정적이 흘렀고 곧 우리는 화제를 다른 곳으로 돌렸다.

잊고 있었던 그 '여명'(내가 붙인 제목이지만)이란 그림을 요즘 자주 생각해본다. 석양이라고 말했던 친구 셋은 약속이라도 한 듯이 모두 미국에 산다. 그 그림이 주던 생기와 그림만큼이나 생동감 넘치던 친구들과의 이야기들을 일부러 꺼내본다. 유조 말처럼 꽤나 긍정적으로 살아온 것도 같은데… 요즘은 아닌 것 같다.

나 자신도 이런 공허함에 무방비 상태가 될 것이라고 상상도 못 했었다. 간혹은 '손에 힘을 빼고 모두를 놓아버리면 간단할 것을…' 하는 맘이 들곤 한다.

결과도 좋아야 하지만 과정을 성실히 밟아나가는 것이 더 중요할지도 모른다고 생각하며 살아왔는데 어느 순간 손에 잡히는 것이 너무 없는 내가 아무것도 해놓은 것이 없는 듯하여 허망한 마음이 자꾸 커진다.

 친구들에게 걸던 안부 전화도 뜸해지고 누군가를 만나 수다를 떨면 뭣하랴 싶기도 하고 댓글을 달아야지 하면서도 도무지 진도가 나가지 않아 그냥 도로 나와 버린다.

 모든 것이 심드렁하고 매사 부질없다는 생각이 자주 드는 자신을 환기시키려고 그 그림을 꺼내본다. 그림 속의 산처럼 깊은 휴식이 필요한 때가 온 것인지도 모르겠다.

 어릴 적 주사위 놀이판의 쉬어가는 곳 같은 곳에 내가 서 있는 것인지도 모르겠다. 나의 순서가 한번 쉬어야 하는 놀이의 법칙에 따라 쉬는 것이 당연했던 것처럼 생각의 진전이 없음도 자연스레 받아들여야 하는 시간인지도 모르겠다. 넘어진 김에 쉬어간다고 했던가. 이 길고 무더운 여름을 마루에서 뒹굴면서 아무 생각 없는 시간을 느껴본다.

 온몸에 힘도 빼고 뭘 해야 한다는 생각도 물리고 자꾸자꾸 돌아가려는 골도 멈추고 무중력 상태 속으로 나를 맡겨 보는 것도 한 번쯤 해볼 만한 일이라고 생각한다. 무기력이라는 강박관념이 아니라 조건 없는 휴식이라고 생각하자. 그렇게 자신을 풀어보는 배짱을 부려보려 한다. 내게 덕지덕지 붙어 있는 잡다한 것들이 어느 정도 떨어지면 그 빈 곳을 채워줄 생기가 돌아올 것이다. 그러면 한껏 기지개를 켜고 일어나야지. 쉬었던 만큼 조금 늦게 가지 뭐.

 여명의 빛이 퍼질 때까지 스스로에게도 기다림의 시간을 주자.

숨 고르기

　　　　　　　　　　　　'오동나무에 걸린 오자지 신세라서 오도 가도 못 한다'
　아주 오래전에 간간이 큰 숨을 내쉬면서 엄마가 하던 말이다. 그 오동나무의 한 가지가 나인 것 같아서 때때로 거북하게 들리던 말이 간혹 절실하게 느껴질 때면 하늘을 보며 '엄마!'하고 불러보곤 한다. 그리고 엄마의 긴 숨을 기억하며 나도 숨을 길게 내뱉으면서 호흡을 가지런하게 만든다. 그러면서 마음이 차분해짐을 느낀다.

　내 기억의 첫 번째 숨 고르기는 그래도 꽤 낭만적인 것이었다. 오빠가 육군에 입대할 때 빈자리를 대신해 주겠노라고 자청한 오빠가 있었다. 약속대로 동아리 선배 노릇에다가 모임이 끝나면 집 앞까지 데려다주는 보호자 역할까지 해주던 오빠가 어느 날 영화를 보러 가자고 했다.

　영화관 가득 슈베르트의 〈아베마리아〉가 채워지면서 스크린에 북유럽의 이국적인 경치가 펼쳐질 때 나는 옆 사람도 잊고 영화에 푹 빠져 있었다. 다시 〈솔베이지의 노래〉가 가슴을 울렸고 아름다운 여자 주인공 얼굴이 화면을 꽉 채울 때 갑자기 옆자리 오빠의 거친 호흡이 느껴졌다. 멈칫하며 귀를 기울이니 심장 박동 소리까지 들리는 듯했다. 잠깐 당황하다가 마음을 나의 호흡으로 돌렸다. 그리고 의식적으로 아주 천천히 마시고 느리게 내뱉으면서 들숨 날숨을 하아나, 두우울, 세에엣… 세기 시작했다. 잠시 후 예상하지 못했던 반응이 일어났다. 거칠던 오빠의 호흡이 조금씩 느려지더니 평온한 호흡으로 되돌아왔다.

　지금 생각해도 어떻게 그런 기지를 발휘했는지 알 수 없지만 내가 숨을 고르게 쉬면 옆 사람의 호흡까지도 차분하게 만들 수 있음을 알게 된 후로 마음이 불편하거나 복잡할 때마다 호흡을 세며 거칠어지는 숨을 차분히 내려 앉히는 습관이 생겼다.

　호흡을 지켜보는 습관은 아이를 키울 때 많은 도움이 되었다. 아기에게 젖을 먹이기 전이나 아기와 눈을 맞출 때에도 우선 숨 고르기부터 했다. 대화를 나눌 수 없는 젖먹이에게 내가 해줄 수 있는 것은 평온한 느낌을 주는 것이라는 생각에서 고른 숨을 쉬면서 젖을 물리고자 애를 썼다. 그건 일방적으로 할 수 있는 숨 고르기였기에 쉬웠는데 큰 녀석이 초등학생이 되면서 조금 강도 높은 숨 고르기가 필요했다. 아이를 낳고 기르면서 '특별한'이나 '월등한' 자식에 대한 욕심을 가져보지 않았다. 콩 심은 데 콩 나고 팥 심은 데 팥 난다고 했으니 내가 아이를 낳으면 나 같은 아이가 나온다고 생각했는데 꼭 그런 것이 아니라는 걸 알게 되면서 숨 고르기 횟수가 늘어났다.

녀석은 고지식하고 융통성이 없어서 숨 가쁘게 만들곤 했다. 요령을 가르쳐줘도 결코 따라하지 않을 때는 카악 소리치고 싶은 것이 목구멍까지 차오르지만 그때마다 '한 박자만 늦추자. 그나마 착한 인성이라도 건지자'라며 침을 꿀꺽 삼키곤 했다. 그러면서 오래전 엄마가 부르던 부처님이 새롭고 가깝게 느껴졌다.

휴우… 나무아미타불 관세음보살.

대자대비한 부처님이라면서 엄마는 왜 한숨을 쉬면서 부르는 것일까? 그런 의문이 들어 엄마의 부처님은 좀 어설픈 존재처럼 느껴져서 별로 정이 가지 않았는데 두 아이를 키우면서 엄마가 부처님을 부르기 전에 내쉬던 한숨의 의미를 이해할 것 같았다. 오래전에 엄마의 '휴우'와 나의 '꿀꺽'은 같은 것이었다. 그 짧은 순간에라도 흥분을 가라앉히고 이성을 찾기 위한 방법이었다.

아이들이 내 키를 추월하면서 숨 고르기 하던 횟수도 점점 줄어들었다. 이젠 아이들과는 상관없이 자신을 들여다보는 숨 고르기를 할 수 있겠다 싶었는데 생각지도 못한 숨 고르기를 다시 시작하고 있다.

이제 성인이 되어 독립해야 할 시점에서 아들과 아버지가 자주 부딪친다. 내 눈에는 어쩔 수 없는 세대 차이 같아서 서로가 서로를 인정하면 될 것 같은데 아들은 아버지가 답답하고 아버지는 아들이 못마땅한가 보다. 아들 편을 들자니 남편에 대한 연민이 고개를 쳐들고 남편 편을 들자니 시대를 따라가지 못하는 아버지에 대한 답답한 아들 마음을 너무 잘 알 것 같아서 이럴 수도 저럴 수도 없다. 그렇다고 나까지 불편한 얼굴을 보이면 부자간의 골이 더 깊어지겠기에 내색하지 않으려니 숨이 가쁘다. 까짓것 모르는 척하고 며칠 훌쩍 떠났다 왔으면 하는 맘이 들지만 아들과 남편이 나를 완충지대로 사용하고 있으니 그럴 수도 없다. 오래전 엄마가 넋두리처럼 풀어 놓던 '오동나무에 걸린 오자지'란 것이 이런 것이었구나.

쉰 살쯤이면 여유롭게 나의 여생을 위해 숨 고르기를 할 것이란 계획이 있었는데 아직도 산 넘어 산이란 생각에 나도 모르게 휴우 하고 긴 숨을 토해본다. 그래도 오로지 내 영혼을 위한 숨 고르기를 할 수 있는 날이 올 것이란 희망으로 다독이며 천천히 그리고 깊은 숨 고르기를 한다. 무겁게 내뱉는 큰 숨이 새털처럼 가벼워져서 푸른 하늘에 아름다운 구름으로 피어오를 날이 머잖아 오기를 기다려본다.

분 수

　　　　　　　　　결코 물러나지 않을 것 같던 여름이 가고 가슬가슬한 바람에 구름이 밀려다니는 가을이 왔다. 그러나 시어머님 방의 달력은 장마가 시작되던 6월에 머물러 있다.

　2006년 6월은 내 삶의 제2막이 끝난 달이기도 하다. 박씨 가문에서 딸이란 이름으로 살다가 김씨 집안으로 옮겨서 며느리라는 직책을 마감한 날이 6월 20일이다. 27년은 박씨 가문에서 딸이란 이름으로 살다가 김씨 집안으로 옮겨와 27년간의 며느리란 직책을 마감한 날이 6월 20일이다. 그러면서 나는 쉰넷의 중년이 되었다. 멈춰진 달력을 보면서 어머님이 외출한 것이 아니라 이제는 이곳 어디에도 계시지 않는다는 생각은 바람이 되어 가슴 한쪽을 쓸고 지나간다.

　이렇게 끝날 것을!

　막상 이 나이에 와보니 삶을 웃으면서 유연하게 받아들일 수 있는데 오래전의 난 왜 그리 무거웠던가? 하는 생각이 들어 쓴웃음이 나온다.

　비록 쓸쓸한 웃음이긴 해도 웃으면서 내 지나간 2막을 천천히 돌아보고 싶다. 책꽂이 맨 위쪽에 꽂혀 있는 빛바랜 노트 몇 권을 꺼내 가벼운 맘으로 읽어본다. 아주 오래전 짬짬이 일기처럼, 때로는 메모처럼 넋두리를 적어 두었던 공책이다.

　　　커피를 마시듯 천천히 살아온 날이 아름답다.
　　　가슴이 따뜻한 사람과 만나고 싶다
　　　　　　　　　　　　맥심 커피 1990년 9월 5일

　아! 기억난다. 커피 광고 문구가 날 울게 만들었던 날이다. '가슴 따뜻한 사람'이란 말에 엉엉 울고 싶었는데 마음과는 달리 어금니 깨물고 소리 죽여 울었던 그날이 바로 어제처럼 생생하게 기억난다.

　결혼하기 전까지는 가슴 따뜻한 사람이란 너무나 당연한 것으로 알았는데 시집이라는 새로운 관계를 맺으면서 내 생각이 틀릴 수 있다는 것을 알았다. 친정 부모님께서는 '정직하게 살아라. 손해 보는 듯이 살아라. 아래를 보면서 살아라. 분수껏 살아라.'고 늘 말씀하셨다. 진취적인 삶은 아니어도 무난하게 살아가는 법이란 생각에 결혼 후에도 그렇게 살면 별 문제가 없을 것이라고 생각했다.

　그러나 있는 그대로 보이고 진솔하게 살아가는 시집살이에서 언제부터인지 내 뒷덜미가 따갑기 시작했다. 큰소리 한번 내지 않고 매일이 평화로운 것 같은데 나는 자꾸 산소 결핍에 걸린 어항 속의 금붕어 같이 답답했고 때로는 혼자 문밖에 서 있는 듯한 더러운 기분이 들곤 했다. 그러던 어느 날 외출에서 돌아온 내게 옆방 아줌마는 내가 집에 없는 시간이면 시어머니가 내 방과 장롱을 뒤진다고 일러 주었다. 황당했다. 도무지 알 수 없는 일이었기에 반신반의했다. 그즈음 내가 느끼던 기분 나쁜 중압감의 실체를 시간이 흐르면서 파악할 수 있었다.

남편의 사업으로 진 빚에 대한 시어머님의 생각은 엄청나게 다른 각도로 흘러가 있었다. 우리가 아무리 진실을 말해도 믿지 않는다는 것을 알았다. 난생처음 상상하지도 못했던 큰 벽에 부딪히게 되었다. 당신의 머리에서 각색된 이야기를 일단 접고 가슴으로 우리들의 이야기를 단 한 번만이라도 들어 줬으면 했지만 그건 희망사항에 불과했다. 나의 바람은 계란으로 바위 치기에 불과했고 두 눈을 가진 내가 외눈박이 섬에서 비정상이 되는 아픔과 외로움만 더해갔다. 그리고 너무 억울했다.

'사람이 사람 말을 믿지 않으면 그건 이미 세상살이가 아니다'라고 하셨던 친정 아버님의 말씀이 너무나 무기력하게 느껴졌다. 처음으로 부모님이 원망스러웠다. 세상 사람이 모두 꼭 같은 것이 아니어서 때로는 가슴보다 머리로 사는 사람들이 있으니 그때는 어떻게 대처해야 하는지도 가르쳐 줬더라면 이렇게 무력하게 당하지 않았을 것을….

내가 좀은 영악했더라면 결과가 달라졌을까? 하는 반문을 해보았다. 어차피 영악하기엔 늦어버린 것 같은 자신을 보며 내 나름대로 답을 구하는 수밖에 없다는 생각을 했다. 그때부터 '가슴 따뜻한 사람'은 내게 화두였기에 어느 날 맥심 커피 광고가 그만 억누르고 있던 내 감정을 북받치게 만들어서 펑펑 울었던 것이다.

다시 시작하는 맘으로 어릴 적부터 들어왔던 부모님의 이야기를 반복하며 생각에 빠졌다.

정직하게… 손해 본 듯이… 아래를 보고… 분수껏…

'자신의 그릇을 알고 과욕을 부리지 말고 진솔하게 살라'는 뜻으로 받아들였는데 도무지 그것만으로는 높은 벽을 뛰어넘을 수가 없었다.

머리로 사는 삶… 가슴으로 사는 삶… 머리로… 가슴으로… 머리… 가슴….

답을 못 찾고 생각을 되풀이하던 중 엉뚱한 생각을 하게 되었다. 조물주가 가슴과 머리의 위치를 바꾸어서 사람을 만들었다면 그 모양이 어땠을까? 하는 생각 끝에 초등학교 산수 시간에 나오는 분수가 생각 났다.

분모가 분자보다 큰 수의 분수가 진분수. 그렇구나! 작은 머리가 위에 큰 가슴이 아래에 있는 것은 진분수의 형태구나. 그렇다면 참 사람은 지식보다는(머리) 따스한 정을(가슴) 가지고 살아야 한다는 말인가 보다. 분수껏 산다는 것은 가슴을 따스하게 그리고 넓게 만드는 것인가 보다.

머리가 맑아지고 생각이 다음, 다음으로 나아가며 '분수껏'이 정리되기 시작했다.

진분수 - 머리보다 가슴이 큰 사람. 가진 것이 적어도 마음을 나눌 수 있는 사람. 소박하면서 정이 많아 진국인 사람.

가분수 - 가슴보다 머리가 발달한 사람. 왠지 잘난 척해서 입맛이 쓰게 느껴지는 사람일 것 같다. 넘침은 모자람보다 못하다는 말에 해당하는 사람이 아닐까.

대분수 - 평범해 보이는데 알고 보면 꽉 찬 사람. 흔히들 말하는 대인. 진짜 실력자. 상대에게 줄 덤을 언제나 준비하고 있는 사람.

같은 값이라도 가분수와 대분수가 주는 느낌은 완전히 다르다. 그건 지식과 지혜의 차이처럼 느껴진다. 가분수가 대분수로 되려면 자신을 낮출 수 있는 겸손과 상대를 배려하는 지혜가 있어야 가능한 일이 아닐까 하는 생각을 해본다. 생각은 꼬리에 꼬리를 물고 나를 흔든다.

똑같은 '분수껏'이란 말도 뉘앙스에 따라선 비아냥거림으로 들릴 때가 있다. '뱁새가 황새를 따라가다가는 가랑이가 찢어진다'는 말은 분수를 알지 못한다는 의미이다. 자신의 분수를 모르고 선물을 잘못하면 뇌물이 되는가 하면 상대를 배려하지 않고 자신의 분수대로 하는 선물은 때론 적선이 될 수도 있다. 그럴 때 필요한 작업이 통분이란 생각을 해본다. 분자의 숫자가 같다고 해도 분모에 따라 크기는 달라지는 것이다. 가진 자의 하나는 여럿으로 나누어 풍성하게 나눌 수 있는 것이다. 그것이 물질이든지 정신이든지 간에 혼자서 가지고 있다면 그건 갇힌 물처럼 악취를 만들게 될 것이다.

넉넉하고 평화로운 얼굴로 늙어가려면 생각도 나누고 마음도 나누고 물질도 나누면서 살아야 할 것 같다. 그러기 위해선 우선 나 자신이 먼저 대분수가 되어야 하고 대분수가 되려면 편견과 아집을 버리고 자신을 낮추는 겸손과 상대를 배려하는 마음을 길러야 할 것 같다.

  그러면 이 가을 들판처럼 청아하면서도 넉넉한 중년을 만들 수 있을 것 같다. 성급하지 않는 맘으로 현명한 노년을 위한 제3막을 설계해 보려 한다.

  지천명이란 나이. 커피를 마시듯 천천히 살아갈 줄 알아야 하는 나이가 아닌가. 마음의 여유를 가지고 높아가는 가을 하늘을 바라본다. 그리고 웃으면서 말한다.

  "어머님, 이제 그곳에서는 진실이 보이시죠?"

  "많은 것들을 품을 수 있는 지천명의 나이까지 기다렸다가 가셔서 고맙습니다."

야망

오래전 고등학교 30주년 홈커밍 행사 때였다. 그간 어디서 사는지 궁금했던 화순을 만나 단발머리 시절 이야기를 신나게 나누었다. 그때 내가 목표가 좀 낮았었다고 화순이가 말했다. 화순이의 말이 무슨 뜻인지 알기에 '그랬제'라며 얼른 수긍을 했다.

단발머리 고등학생일 때 나는 왜 남보다 뛰어나는 것도 중요하지만 사람이 지켜야 할 선이 더 중요하다고 생각했는지? 그런 나를 화순이가 알아차렸나 보다. 화순이는 나에 대한 애정과 아쉬움으로 야망이 없었다는 말을 조금 부드럽게 표현한 듯하다.

야망. 사전에는 '커다란 희망이나 바람'이라고 적혀 있다. 좀은 추상적이다. 일반적으로 야망이란 출세, 권력, 재력 그런 것들로 횡적인 느낌보다는 높고 높은 사람이란 종적인 느낌으로 알고 있었는데 커다란 희망이나 바람이라고 하니 너무 두루뭉실하다. 그런 느낌은 〈야망〉이라는 드라마를 시청할 때도 그랬었다.

> 청산은 나를 보고 말없이 살라 하고
> 창공은 나를 보고 티 없이 살라 하네
> 사랑도 벗어놓고 미움도 벗어놓고
> 물같이 바람같이 살다가 가라 하네

나옹 선사의 시가 야망이란 단어와 어떻게 맞닿아 드라마의 주제곡으로 쓰이는 것인지, 그 주제가를 들으면서 야망이란 단어를 자꾸 살펴보다가 문득 야망野望이란 글자의 야野자에 눈과 마음이 멈췄다.

왜 하필이면 야野일까? 야망이란 단어에서는 인위적인 것이 풍기는데 야野자에선 자연의 순리가 강하게 느껴지니 말이다. 들판을 바라보는 일, 뭘까. 자연의 섭리를 알아가는 일이 아닐까. 삶이, 인간관계가 자연의 순리를 바탕으로 이뤄진다면 참으로 평화로운 세상이겠다는 생각을 해 봤다.

그러자 오래전에 잠깐 음악과를 기웃거릴 때 있었던 일이 생각난다. 해마다 열리는 정기연주회를 앞두고 주임교수와 학생들 사이에 문제가 생겼다. 연주회에서 피아노 독주자가 2학년 여학생으로 정해진 것에 4학년들이 이의를 제기했다.

정기연주회라고는 하지만 졸업연주회의 성격을 띠고 있어 여태껏 독주는 4학년 중에서 했었다. 2학년은 앞으로도 기회가 있으니 4학년 학생으로 바꿔 달라는 요구에 주임교수가 꼼짝하지 않자 급기야 학생들이 학장실을 찾게 되었다.

이야기를 듣고 계시던 학장님께서 말씀하셨다.

"제군들, 젊은이여 야망을 가지라는 말을 알고 있죠. 자잘한 것에 쩨쩨하게 굴지 말고 앞을 보고 크게 받아주면 어떨까?"

이건 말장난이다. 야바위 같은 속임수다. 어른이 그럴듯한 말로 아이 손에 들린 과자를 빼앗아 먹는 것과 다를 바가 없다. 순간 내 속에서 뭔가가 울컥 올라와 곁다리로 따라간 나의 위치도 잊고 불쑥 나섰던 것이다.

"학장님 질문 있습니다. 야망이 무엇입니까? 제 생각엔 옳고 그름을 제대로 말할 수 있고 작은 일이라도 순리대로 풀어가는 것도 야망이라고 생각됩니다."

"학생 이름이 뭐지?"

"박재연입니다."

"그래. 박재연 너 잘났다."

학장님의 싸한 눈길을 느끼면서 문학박사 타이틀이 부끄럽다고 생각했다. 끝내 학생들의 의견은 묵살되고 말았다. 그래도 실력이 월등하지도 않은 2학년 독주자의 협연을 위해 몇 번이고 함께 오케스트라 반주를 맞춰주던 4학년 학생들이 주임교수나 학장보다 나아보였다.

지금 생각하니 피씩 웃음이 나온다. 내가 뭘 안다고 그때 불쑥 그런 말을 했을까? 아직도 진정한 야망을 모르면서….

 야망野望. 나는 요즘 글자 그대로의 야망을 생각해본다. 들판 가운데 살고 있고, 도시로 나갈 이유도 없고, 내일을 알 수야 없지만 내 남은 삶을 여기서 마감할 거라고 생각하면 나는 어쩔 수 없이 야망을 가져야 한다. 어떻게 들판의 삶을 제대로 살아야 할 것인가? 가만 생각하다보니 나 자신이 조금은 한심하다.
 마흔 넘어서 들어온 시골살이. 도시인도 아니고 시골 사람도 아닌 어정잡이다. 한마디로 반풍수다. 팔십을 바라보는 연세에도 여전히 밭에서 일하시는 동네 어르신들을 바라보면 부끄럽기도 하다. 난 과연 그 나이가 되어도 그렇게 일할 수 있을까? 자신이 없다. 동네 어르신들께서 아직도 들판을 자유롭게 누릴 수 있음은 젊어서부터 몸에 익혀온 노동의 힘인 것 같다.
 운동은 육신을 튼튼하게 만들지만 육신과 정신을 그리고 삶을 단단하게 만드는 것은 일하는 습관인 것 같다. 갑자기 노동이 신성하게 느껴진다. 갑자기 나의 야망을 위해서 더 늦기 전에 노동을 익혀야겠다는 생각이 들어 이런저런 일을 하는 연습을 하고 있다.
 그러다가 힘에 부치면 허리를 펴면서 하늘을 보기도 하고 몸통을 휘휘 돌리면서 들판을 보기도 한다. 햇살의 세기에 따라 시간의 흐름을 느끼고 새소리 벌레 소리에서 계절을 느낀다. 푸른 들판이 노랗게 변하고, 꽉 차 있던 들판이 빈 들판이 될 때 1년을 느낀다. 그렇게 들판을 바라보며 자연스레 나이를 먹으면 남은 삶이 참 평화롭겠다. 나는 이제 그렇게 늙어가는 야망을 가져본다.

　매일매일을 고마워하며 소중하게 만나면서 순간순간을 열심히 바라보며 남은 시간을 아껴가며 살아야겠다. 그리고 내 사전에는 야망을 '커다란 희망이나 바람'이 아니라 '소박한 희망이나 바람'으로 바꿔서 적어둬야겠다.

위 로

내가 화나고 성나는 날은 누군가 내 발등을 질겅질겅 밟습니다. 내가 위로받고 싶고 등을 기대고 싶은 날은 누군가 내 오른뺨과 왼뺨을 딱딱 때립니다. 내가 지치고 곤고하고 쓸쓸한 날은 지난날 분별없이 뿌린 말의 씨앗, 정의 씨앗들이 크고 작은 비수가 되어 내 가슴에 꽂힙니다.

고정희 시인의 〈무너지는 것들 옆에서〉라는 시의 앞부분이다.
 살다보면 그런 날들이 있다. 누군가에게 털어놓고 위로받고 싶은 날들이 있다. 터지고 싶은 곳을 살짝 건드려주면 펑펑 울고 싶은 날들이 있다.
 속내를 보여도 좋을 사람들을 떠올려본다. 어떤 친구는 너무 멀리 있고, 또 다른 친구는 시간이 맞지 않고, 어떤 이는 너무 심각하게 받아들일 것 같고, 또 어떤 이는 꼭 해답을 줘야 한다고 끙끙거릴 것 같고… 이렇게 저렇게 차, 포 버리다 보면 그냥 혼자 삭여야 하는 경우가 더 많다.

위로를 주고받는데 적당한 거리, 그것은 참 중요한 것인 것 같다. 나를 알지만 나보다 더 심각하게 이야기를 해석하지 않을 만큼의 사람이거나 나를 속속들이 알아도 나보다 한 걸음쯤 떨어져서 조금은 내 이야기를 담담하게 들어주는 마음의 거리를 유지할 줄 아는 사람이 늘 옆에 있다면 그건 행복한 일이다. 위로란 상대에게서 상큼한 답을 꼭 구하려는 것은 아니다. 그랬니? 그래 힘들었겠다. 나라도 그랬겠다. 라는 정도의 추임새만 적당히 넣어주면서 내 이야기를 성의껏 들어주기만 해도 위로는 되는 것이니까.

어차피 어디로 어떻게 가야 하는지에 대한 답은 말하는 이가 알고 있다. 혹 아직 모른다고 해도 두서없이 넋두리를 하다보면 생각이나 마음이 정리되기에 그냥 상대의 이야기만 들어 줘도 위로가 되는 것이다. 때론 자신의 생각이 변하지 않기 위해 누군가에게 이야기하는 것으로 자신을 굳건히 세우려는 의도일 수도 있기에 듣는 이가 상큼한 답을 줘야 한다는 생각은 오히려 위로받고자 이야기하려던 사람에게 부담감이 되어 이야기를 도중에서 거둬들이는 경우를 만들 수도 있다.

위로는 알아차림이다. 가려운 곳을 긁어준다는 말이 주는 시원함. 그런 기억에 남는 순간이 두 번 있었다. 가끔 생각할 때마다 고맙고 시원하다.

"내가 보기엔 요즘 뭔가 하고 싶은 말이 많은 것 같은데 내가 들어줄까."

동아리 선배가 내게 말을 붙여 왔다. 동아리 모임에서도 별로 이야기를 해 본 적이 없는 선배였기에 약간 놀랐다. 나는 그때 여러 가지로 가지치기를 해야겠다는 생각을 하고 있을 때였다. 친구에게 이야기를 하면 나보다 더 속상해할 것 같아 차일피일 미루고 있을 때였다. 나를 어느 정도 알고 내 상태를 비교적 정확하게 느끼지만 객관적이고 담담할 수 있는 거리의 선배라면 그냥 이야기해도 좋겠다 싶었다. 어차피 가지치기 중에 동아리 활동도 그만둘 생각이었으니까.

선배랑 아무 말 없이 버스를 탔고 버스가 데려다준 곳은 해운대였다. 가는 여름이 아쉬웠는지 백사장을 걷는 사람들이 많았고 우리도 그 사람들 사이에 끼어 자연스레 백사장을 걸었다. 나는 계속 이야기를 하고 선배는 그냥 묵묵히 들으면서 걸었다. 백사장이 끝나기에 다시 버스를 타고 집으로 돌아왔다. 그리고 나는 동아리 활동도 그만두었다. 그 뒤 길을 가다가, 학교 축제 때 잠깐 스치면서 두어 번 인사 나눈 것이 전부이지만 늘 고마운 사람으로 기억하고 있다.

훗날 생각해보니 해운대를 선택한 것도 선배의 배려였던 것 같다. 만약 차 한 잔을 두고 마주 보고 앉았더라면 상대가 불편해서 이야기를 중단했을 것 같다. 그리고 내 이야기 중간에 그럴 땐 이렇게 저렇게라고 조언이나 위로의 말을 했다면 나는 이야기를 이어나가지 못했을 것 같다. 아무 말 없이 들어만 주어도 이야기하면서 내 생각이 정리되고 나름의 방법도 찾아가고 있으니 그냥 들어주는 것으로 충분히 위로가 되었다. 그 선배의 알아차림과 배려 덕분에 아름다운 기억을 가지고 있음이 참 고맙다.

 그해는 윤달이 있었고 윤달에 수의를 준비해두면 좋다고 둘째 시누이가 돈을 보내왔다. 큰시누이와 함께 시부모님 수의를 장만하려고 국제시장으로 갔다. 숙이 – 큰시누이의 딸 – 친구 엄마가 하시는 포목점에 가서 옷감을 고르고 나니 그곳에서 바느질 집까지 소개를 해 준단다. 바느질까지 생각을 못 하고 오다 보니 돈이 조금 모자랐다.
 다음 날은 나 혼자서 외상값을 갚으러 갔다.
 "천천히 가지고 와도 되는데… 시누이랑은 몇 년 같이 살았어요?"
 딸들끼리 친구니까 한 지붕 아래 시부모님과 시누이 식구들과 함께 살고 있다는 것을 알고 있었나 보다.
 "10년 되었습니다."
 "눈 튀어나올 때도 되었네. 시집살이, 그것도 시누이까지 합해서 10년이면 살아도 그만, 안 살아도 그만이란 생각이 들고도 남지."
 그러시면서 커피를 한 잔 건네주시는데 속이 시원했다. 그때 한참 '옛날에 잘 웃던 내 모습은 어디로 갔나?'하고 속이 부글부글 끓고 있을 때였기에 그 말이 주는 공감대가 내 속을 시원하게 만들어 주었다.
 '마음고생이 심하겠네.' 부모 모시면 나중에 복 받는다. 등등의 상투적인 위로의 말을 했다면 위로가 되기는커녕 반발심 같은 짜증이 내 속에 또 쌓였을 것이다. 같은 학부형인 큰시누이와 관계가 마음에 걸릴 듯도 한데 거침없이 말해 주니 통쾌하기까지 했다. 내가 들었던 위로의 말 중에 최고였다. 그것은 삶을 먼저 살아본 선배의 배포이고 연륜인 것 같았다. 그 연륜의 힘이 크게 보였고 감사했다. 지금도 간혹 그때를 생각하면 나도 모르게 미소가 번진다. 고마웠습니다.

'척하면 삼척이고 툭 하면 호박 떨어지는 소리'라는 말은 기분 좋은 말이다. 그런 상대라면 속내를 털어놓기가 수월할 것 같다. 척과 툭을 알려면 우선은 마음을 열고 내 이야기인 것처럼 들으면 상대가 어떤 상태로 어디쯤 머물고 있는지를 바로 느낄 수 있을 것 같다. 가끔 고개를 끄덕이면서 '그래'라고 말해주는 작은 몸짓과 성급하게 해답이라고 말하지 않고 스스로 해답을 찾는 시간까지 가만히 기다려주는 배려를 더하면 정말 좋은 위로가 되지 않을까?

얼굴에서 눈이 둘, 귀가 둘, 입은 하나인 이유는 보고 듣는 것의 반만 말하라는 말조심을 뜻이라고 했던가? 위로도 마찬가지가 아닐까. 말은 조금 하고 두 눈을 맞추면서 열심히 두 귀로 들어주라는 것을 암시하는 것이 아닐까? 하는 엉뚱한 생각을 해본다.

보현사

부산에서 고성으로 옮겨온 지 13년이 되었다. 친구들이 요즘은 왜 부산에 자주 안 오냐면서 한번 오라고 야단을 치면 친정 부모님이 안 계시니 잘 안 가진다고 이유를 달지만 속마음은 이제 부산 나들이가, 아니 복잡한 도시로 나가는 일 자체가 피곤하게 느껴져 언뜻 가겠다는 약속이 되지 않는다.

너희들이 공기 좋고 경치 좋은 이곳으로 오라면서 얼렁뚱땅 친구들의 지청구를 받아 넘겨버린다. 그러고 보면 나도 그럭저럭 촌아지매가 되었다는 생각이 든다.

고성과의 인연은 고등학교 때 고성여고를 다니는 정희와 편지를 주고받으면서 시작되었다. 그녀의 편지에는 철둑 바다가 자주 적혀 있었고 때때로 남산에 오른 이야기도 적혀 있었다. 그냥 친구의 고향으로만 상상하던 고성에 내가 와서 살게 될 줄은 꿈에도 몰랐는데….

정희는 고향을 떠났고 이젠 내가 다시 정희에게 철둑이랑 바다랑 남산 이야기를 전해주고 있다.

1994년 8월 어느 날 보현사에서 자란만을 끼고 있는 우리 동네를 내려다본 순간의 감동은 지금도 생생하게 기억하고 있다. 우리 동네를 지켜주는 것처럼 자리 잡은 보현사를 예전에는 절골을 지나 산길로 다녔다는 이야기에 우리도 한번 올라가 보자고 했다.

무덤이 있는 곳까지는 좁은 산길이 있었지만 무덤을 지나면서부터는 우리들이 알아서 길을 찾아야 했다. 산꼭대기로 가는 전깃줄을 안내자로 풀을 헤치며 보현사에 올랐다.

그리 멀지는 않았지만 생각보다 가파른 경사가 많아 힘들었다. 한 시간쯤 걸어서 보현사에 도착했을 때 우리 모두 – 남편, 시누이, 시외숙모 – 는 땀범벅이었다. 법당을 돌아 보현사 난관에 서니 산을 거슬러 불어오는 바닷바람과 함께 자란만이 한눈에 들어오는데 그 시원함과 아름다움을 보는 순간 '우와' 하는 감탄사가 절로 나왔다.

그 순간 엉뚱하게도 오래된 농담이 생각났다. 누군가가 뒤통수를 때리는 바람에 눈이 튀어나온 사람이 너무 급해 눈을 거꾸로 집어넣고 하는 말이 '골이 훤하다!'고 했다더니 가파른 산행 뒤에 내 눈앞에 펼쳐진 자란만의 푸른 바다는 정말 골이 시원해지는 느낌이 들었다. 속이 후련했다.

아늑한 자란만 푸른 바다 위에 종종종 떠 있는 섬들이 주는 아기자기함은 부산 바다에서는 느낄 수 없는 정감이 넘치는 풍경이었다. 그

상쾌한 첫인상으로 보현사를 갈 때는 차를 이용하지 않고 걸어서 가곤 했는데 얼마 뒤에는 너무 다른 기분으로 다시 그 길을 오빠와 함께 오르게 되었다.

담낭암 선고를 받은 오빠에게 병원에서 해 줄 수 있는 것은 담낭에 고이는 담즙을 옆구리로 빼내는 일밖에 없다고 했다. 마침 샘골에 빈집이 있어 대청소를 하고 한지로 도배를 새로 한 후 오빠 혼자 투병생활을 시작하게 되었다.

운동이란 명분으로 오빠에게 보현사 가는 길을 정리하러 가자고 했다. 어차피 오빠 혼자서 마음을 정리하려면 인적 없는 호젓한 산길이 도움이 될 것 같았다. 그간 사람들이 다니지 않았던 산길은 온통 잡초와 칡으로 덮여 있었다. 낫과 가위로 길을 더듬어 보현사에 도착하여 서로의 마음을 감추고 무표정한 얼굴로 법당에서 삼 배를 하고 내려왔다.

다음 날부터 오빠는 매일 오솔길을 걸어서 보현사까지 오르내렸다. 그 산길을 혼자서 다니면서 오빠는 무슨 생각을 했을까? 오빠에게 이제 시간이 얼마 남지 않았다는 이야기를 했을 때 완전히 사기당한 기분이라고 했다. 그리고 너무 억울하다고 했었는데 죽음을 받아들이는 연습을 하면서 산길 모퉁이마다 내려놓은 한숨은 얼마나 될까. 한걸음을 옮길 때마다 두고 가야 하는 가족들의 얼굴이 밟혔을 것이다. 가파른 산길을 거친 숨으로 오르면서 살고 싶다는 생각으로 통곡도 했을 것이다.

간혹 오빠랑 동행을 할 때도 이런저런 아픈 생각을 떠올리면서도 난 모르는 척했다. 바로 눈앞에 죽음을 둔 오빠에게는 함께 슬퍼하는 시간조차도 아까운 것이라고 생각했다. 이틀에 한 번씩 구멍 뚫린 오빠의 옆구리를 치료하러 가면서도 아무 일도 아닌 것처럼 오빠를 대했고 오빠 역시 내가 갖다 주는 반찬을 잘 먹었다는 일상적인 이야기만 나누곤 했다. 그러나 오빠도 나도 무심함으로 포장한 뒤에는 건강 상태의 변화에 신경을 곤두세우고 있었다.

　조금씩 혼자의 생활이 익숙해지면서 내 걱정과는 달리 여유를 찾아가고 있었다. 등산길에서 야생화 사진을 찍기도 하고 할미꽃을 가져와서 우리 꽃밭에 심어주기도 했다. 피부색도 돌아왔고 힘들어하던 보현사까지의 등산을 가볍게 다녀오곤 했다.

　죽을힘을 다하면 못할 것이 없다고 하더니 죽음을 앞에 두고 자신과의 싸움이 필사적이었는지 문득문득 오빠는 구도자 같은 분위기를 느끼게 했다. 일 년의 휴직 기간이 끝나고 부산으로 돌아갈 때 혹시나 하는 희망도 했지만 오빠는 몇 개월 뒤에 우리와 영영 이별을 했다. 그러면서 보현사 등산길도 멀어져 갔다.

　그 뒤에 지인들이 오면 차로 문수암과 보현사를 몇 번 갔다. 처음 보현사에 왔을 때처럼 난관에 기대어 천천히 눈 아래 펼쳐진 경치를 본다.

　절골의 저수지는 여전히 초록색으로 보이고 조금 아래 오빠가 머물렀던 샘골엔 윤근이네가 지붕을 고쳤다더니 전에 없던 빨간 지붕이 생겼다. 다시 초록색 보리밭을 조금 더 내려가면 우리 집이 교회와 함께 있다. 그리고 그 끝에 자란만의 푸른 바다와 쪽빛 하늘이 닿아 있다. 이 평화로운 경치가 오빠에게 큰 위로가 되었을 것이라고 생각하니 고맙다.

보현사를 오르내리는 산길에서 자신의 삶을 정리하는 시간을 가졌다는 것이 그나마 다행이란 생각은 나 자신에게도 위로가 된다.

언제 보현사에 차가 아닌 산길로 가고 싶다. 그 길을 걸으면서 진지하게 삶과 죽음을 생각하고 핏줄과의 이별이란 것도 생각하면서 나이에 무게를 실었던 길을 이젠 담담한 마음으로 걸어가고 싶다. 그리고 보현보살님의 품속처럼 아늑한 자란만과 오빠가 머물다가 간 우리 동네를 깊은 애정으로 바라보고 싶다. 이름처럼 따뜻하고 밝은 마을이 제2의 고향이 된 것은 행운인 것 같다. 그래서 이곳을 사랑한다.

윤근이 할매

오늘 꼭 갔다 오리라고 벼르던 친정 엄마의 기일에 가지 못했다. 며칠 뒤로 잡혀 있는 친구들과의 여행 때문에 부산행을 포기하고 엄마 대신 윤근이 할매를 보러 갔다. 캔커피 달랑 주머니에 넣고 뒷동산을 오른다. 윤근이 할매는 넘어가는 저녁 해를 쪼이고 있었다.

"할매."

"어서 온나. 부산 못 가서 우짜노. 섭섭제?"

"그래도 할매가 있으니까 대신 올 수 있어 좋네요."

방금 윤근이 아버지가 다녀갔는지 잔디에 물이 뿌려져 있었다.

윤근이 할매와의 인연은 10년 전 부산을 떠나 이곳 바다가 보이는 조그마한 시골 들판 한가운데로 이사를 오면서 시작되었다. 윤근이 엄마가 우리 하우스에서 같이 일을 하고 있어 할매가 간혹 들르곤 했다.

 할매는 키가 자라다 멈춘 아이처럼 작아 내 어깨에도 못 미치지만 마음은 우리 동네 앞바다처럼 넓고 잔잔하다. 경상도 할매답지 않는 조용한 목소리에 가만히 바라보는 온화한 눈빛 그리고 언제나 누구에게나 한결같이 포근한 할매. 그런 할매를 우리 엄마처럼 금방 좋아하게 되었고 할매도 그런 내 맘을 알아차린 듯했다.

 장에 가는 날은 사탕 한 봉지 미리 사다뒀다가 할매를 만나면 건네곤 했다. 어느 날 할매랑 함께 걸으면서 윤근이 엄마는 할매 같은 시어머니랑 살아서 좋겠다고 말했더니 윤근이 엄마도 니처럼 생각할란가 모르겠다면서 빙긋이 웃으셨다.

 입 야물고 별난 며느리가 아무리 찧고 까불어도 할매는 불평 한 번 없이 '지도 살라꼬 욕본다'는 한 마디로 며느리를 감싸고 허물을 덮어주신다. 그렇게 할매는 더러움을 타지 않는다. 그뿐만 아니라 할매는 결코 저울질하는 일이 없다. 남들이 뭐라 하던 며느리가 알아주든 몰라주든 자식들에게 도움이 된다면 하는 일념으로 당신을 아끼지 않고 몸을 움직이신다.

 여름 가뭄에 다른 집 취나물 밭이 타들어 갈 때도 할매는 물동이를 이고 몇십 번이라도 물을 길러다가 나물밭을 기어코 파랗게 만들어 놓으신다. 처음이나 끝이나 일체의 잡념도 없이 꾸준한 속도로 움직이시는 모습이나 당신의 수고를 너무나 당연한 것으로 생각하시는 담담함이 수행자처럼 보였다. 그런 것들이 내가 무조건 할매를 좋아하게 만드는 힘인 것 같다.

　나는 며느리가 다른 동네로 일하러 간다는 소식이 들리면 먹을 것을 들고 할매를 보러 갔다. 긴 시간 긴 이야기가 없어도 좋았다. 할매를 부르며 들어서면 '여기까지 올라왔나'하시며 손잡아 주시는 걸로 충분했다. 추수가 끝나면 쌀 몇 되 찹쌀 몇 되를 들고 오신다.

　"할매. 뭐할라꼬 이런거 들고 왔어예. 윤근이 엄마한테 잔소리 들으면 우짤라꼬?"

　"괜찮다. 윤근이 엄마 일하러 가고 없다. 햅쌀 맛이나 봐라."

　논농사 없는 우리를 마음에 걸려 하시며 억지로 두고 가신다. 그렇게 윤근이 엄마 눈치를 보며 할매와 나는 기꺼이 공범이 되곤 했다.

　99년에는 암 투병 중인 오빠를 공기 좋은 우리 마을로 오라고 했다. 마침 빈집이 윤근이네 바로 뒷집이라 얼마나 마음이 편했는지 모른다. 오빠를 위해 들판의 먹거리나 몸에 좋다는 산야초를 구해다가 마루 위에 올려놓은 것만 봐도 가슴이 넉넉해지곤 했다. 오빠의 치료를 위해 이틀에 한 번씩 갈 때마다 '할매'라고 부르기만 해도 기분이 좋았다. 그건 어릴 적 대문을 들어서면서 부르던 '엄마' 소리 같았다.

　오빠는 하늘로 가고 할매는 손자(윤근) 고등학교 뒷바라지하시러 마산으로 가시는 바람에 자주 만나지 못하다가 명절이 오면 양말 두어 켤레 들고 할매를 보러 가곤 했는데 올 추석을 앞두고는 할매 건강이 좋지 못해 집에 오셨다는 소식을 듣고 할매를 보러 갔다.

"아이고, 왔나. 요새는 하우스에서 돈이 좀 나오나?"

내 손을 덥석 잡는 할매의 손에는 힘이 실렸고 목소리도 눈빛도 여전히 따뜻한데 얼굴빛은 병색이 짙고 작던 몸은 더 작아져서 불면 날아갈 것 같았다. 이제 다시는 예전으로 돌아가지는 못할 것 같은 생각이 아프게 들었다. 힘드시니 그냥 계시라고 해도 지팡이를 짚고 내 팔짱을 끼고 나오시는 할매 주머니에 슬쩍 용돈을 찔러 넣었다.

언젠가 할매한테 울 엄마 대신으로 용돈을 꼭 한번 드리고 싶다고 꼬시고 꼬셔서 만 원짜리 몇 장을 손에 쥐어주고 저만큼 가시는 것을 보고 하우스로 간 적이 있었다. 일을 마치고 돌아오니 마음만 받으면 된다면서 우리 시어머니께 돈을 도로 돌려주고 가셨던 일이 생각났다. 그러시던 할매가 주머니에 손을 넣는 것도 모르시는 걸 보니 이번은 용돈이 아니라 노잣돈이 되겠다 싶어 코끝이 찡했다. 며칠 뒤 할매는 가족들과 이야기를 나누던 중에 살며시 숨을 거두셨다.

86세. 음력 8월 23일이었다. 춥지도 덥지도 않고 들판은 풍년으로 노랗게 물들고 있는 것이 할매 성품 같은 계절에 가셨다는 생각이 들었다. 내가 할매를 만난 것은 큰 행운이었다. 먼저 가신 우리 엄마의 자리를 대신해 주시기도 했지만 보기 드문 스승을 만난 것이기도 했다.

> 성 안 내는 그 얼굴이 참다운 공양구요
> 부드러운 말 한마디 미묘한 향이로다.
> 깨끗하고 티가 없는 진실한 그 마음이
> 언제나 한결같은 부처님 마음일세.

나는 이 글을 화두처럼 끌어안고 종종 끙끙거리는데 할매는 한결같이 행하고 있으니 할매는 보살이다. 나도 할매처럼 나이를 먹을 수 있을까? 그래서 할매는 내 삶의 마지막 모델이기도 하다. 할매처럼 더러움도 타지 않고 저울질도 하지 않으며 언제나 평온한 얼굴과 잔잔한 말씨 그리고 따뜻한 눈빛으로 나이를 먹고 싶다. 그리고 다음 생에서도 다시 만나고 싶은 인연이기도 하다. 형제라도 좋고 친구라도 좋으며 이웃이라도 좋다. 한눈에 알아보는 인연이라면 더 바랄 것도 없고.

커피를 할매 무덤에 뿌리면서 혼자 웃는다. 이제는 윤근이 엄마 눈치를 보지 않고 언제라도 올 수 있는 할매 무덤.
"할매. 또 보러 올게요."
"오냐. 쭈욱 여기 있을테니까 언제라도 오너라."
따뜻한 할매 대답을 들으며 내려온다. 생전에 할매가 윤기 나게 가꾸던 취나물 밭에서 고라니 한 마리가 후다닥 달아난다. 내려다보이는 노오란 들판이 너무 고맙다. 할매가 흡족한 마음으로 보고 간 마지막 경치가 아닌가. 내 팔짱을 끼고 나오시면서 '곡식알이 많이도 달렸제. 농사가 잘되어 마음이 너무 좋다.' 하시던 마지막 목소리가 쟁쟁하다.
할매는 그렇게 내 맘속에 여전히 함께하실 것이란 생각에 발걸음도 가볍게 뒷산을 내려왔다.

4월 덧셈에서 10월 뺄셈까지

들판이 노란색으로 출렁이면서 10월이 시작된다. 밝은 노란색에서 점점 가벼워지는 노란색으로 10월의 들판이 익어간다. 10월 들판처럼 가볍고 투명한 영혼을 가지려면 어떻게 살아야 하는가를 생각해본다. 인생의 봄이었던 젊은 나이에는 삶의 덧셈에만 급급했지만 어느덧 10월의 노란색을 보면서 삶의 뺄셈을 생각하는 가을의 나이에 이른 것 같다.

1981년 4월이었다. 6개월 된 큰아들을 안고 무심히 지나가는 경치를 보고 있었다. 에덴공원을 지나 엄궁으로 넘어가는 동안에는 한동안 인가는 없고 길 아래로 강물이 흐르고 길 위로는 산이 계속 이어지고 있었다.

마침 4월 신록으로 물들고 있었는데 갑자기 가슴 저 밑에서 올라오는 무엇이 목젖을 눌렀다. 눈물이 나오는데 참으려고 해도 안 된다. 눈물을 보이지 않으려고 몸을 창 쪽으로 돌렸다.

분위기가 이상했던지 운전을 하던 남편이 뭐 하느냐고 물었다. 못 들은 척하고 있었더니 날 잡아당겼다. 울고 있는 날 보고 약간 놀라는 눈으로 무슨 일이냐고 물었다. 잠시 감정을 가라앉힌 뒤에 기어 들어가는 목소리로 '연둣빛이 너무 좋아서…'라며 말꼬리를 흘려버렸다. 그날 이후로 나는 연두색은 연둣빛이라고 부르는 습관이 생겼다.

4월은 빛이었다.

온통 연둣빛이었다. 그리고 주체할 수 없는 감동이었다. 해마다 4월이 되면 하루에도 몇 번씩 연둣빛을 보며 생각했다. 무엇이 날 울게 만들었는지를. 그러나 답을 쉽게 얻지 못한 채 해마다 4월의 연둣빛에 취해 엉뚱한 상상만 했다. 신이 단 한 번 만이라도 화가의 재능을 준다면 4월 신록의 농담을 멋지게 한 장 그리고 싶다고.

4월을 보낼 때마다 다음 해는 답을 얻을 수 있을까는 반문을 하며 보내고 또다시 4월을 만나기를 반복하며 두 아이의 엄마가 된 4월에 작은아들을 업고 우리집 조그만 꽃밭을 들여다보고 있었다. 흙이 씻겨간 자리에 옆의 흙을 모으다가 땅속에서 몸을 동그랗게 웅크리고 있는 노오란 새 움을 보았다. 이 노란 새 움이 땅 위로 올라오면서 연둣빛으로 변한다는 생각을 하는 순간에 어릴 적 미술 시간이 생각났다. 노란색 물감에 파란색 물감을 함께 넣고 붓으로 돌리면 두 색깔이 어우러지면서 점점 연두색으로 변하고 파란 물감을 좀 더 넣으면 초록색이 된다.

아! 그렇구나. 땅속의 노란 새움이 하늘의 파란색을 받아들이면서 연둣빛으로 변하는구나! 안정감을 주는 녹색에 비해 연두색에서는 노랑과 파랑이 함께 보이던 이유를 알 것 같았다. 그것은 땅의 노랑 기운과 하늘의 파랑 기운이 만나서 우리가 되는 설레임의 색이었다.

4월은 대지와 하늘 기운이 서로를 받아들이는 융화하는 시기였다. 하늘과 땅이 녹아 결국에는 성숙한 초록을 만들기 위한 조율을 시작하는 몸짓의 연두색, 그것은 생명의 빛이었다.

그때야 알았다. 유독 눈물나게 아름다웠던 4월에 내가 진짜 엄마가 되었다는 것을. 그 뒤로는 해마다 연둣빛 봄을 기다렸고 4월이 너무 빨리 가는 것이 아쉬웠다.

봄에 비해 가을은 나만의 특별한 느낌을 갖고 있지 않았다. 추위를 많이 타는 내게 가을은 언제나 현실적으로 다가왔다. 그 짧은 가을은 곧 다가올 겨울의 전주곡 같아서 추위 걱정하느라고 가을을 제대로 느끼기도 전에 지나가곤 했다.

그러다가 마흔이 넘어 도시를 떠나 시골 들판 가운데 살게 되면서 가을 들판이 내 마음으로 들어오기 시작했다. 철 따라 다른 들판의 풍경들을 만나기를 반복하다 보니 모르고 지나쳤던 것들을 하나씩 새롭게 만나게 되었다.

10월의 풍성한 가을 들판이 넉넉하여 마음의 여유까지 갖게 되었는지 차분히 가을 풍경도 즐기게 되었다. 언제부터인가 화려한 단풍보다 길가에 말라가고 있는 잡초들의 갈색이 마음에 와닿기 시작했다. 우중충하다고 생각했던 것이 아름답게 보이기 시작했다. 어느 화가가 시궁창의 썩어 들어가는 짙은 회색의 아름다움을 역설하던 말을 떠올리다가 문득 하늘을 바라본다.

너무 푸르다. 티 한 점 없는 가을 하늘을 쳐다보며 한참 걷다 보면 내가 하늘이 아닌 푸른 바닷속에서 유유히 헤엄치는 고기 같다는 생각이 든다. 가슬가슬한 바다여서 숨쉬기도 편하다. 아무런 저항이 없는 바다, 그건 가을 하늘이 주는 색다른 자유로움이다.

10월 하늘은 유독 더 푸르고 들판은 온통 노랗다. 사람들은 그런 10월의 들판을 황금 들판이라며 풍년을 노래하는데 나는 그 의미는 충분히 알지만 황금이란 단어의 육중한 느낌이 현실적이라면 10월 들판의 노란색은 좀 다르게 보였다. 벼가 무겁게 고개를 숙이면 숙일수록 10월의 노란색이 내 눈에는 투명하면서 너무나 가볍게 보이기 때문이다. 자세히 보면 홀가분하다는 느낌마저 들었다. 이 느낌은 또 어디에서 오는 것일까? 10월의 노란 들판을 보고 또 본다. 4월 연둣빛을 몇 번씩 보낸 것처럼 10월의 노란색도 몇 번 그냥 보냈다.

그러다가 어느 해 추수를 하기 위해 한쪽을 낫으로 먼저 베어 놓은 논에서 벼 이삭과는 달리 연둣빛이 남아 있는 벼 밑부분을 보는 순간에 10월 하늘이 그토록 푸른 이유를 알 것 같았다.

아! 가을은 뺄셈이구나.

가을은 땅이 하늘을 향해 푸른빛을 보내고 있구나. 초록색에서 파란색을 조금 들어내면 연두색이 되고 또 조금 더 파란색을 하늘로 보내면 노랑색이 남을 것이다. 오래전 4월의 덧셈을 이제 10월에는 역으로 뺄셈을 하고 있는 것이었다.

봄부터 여름 내내 하늘이 빌려줬던 파란색을 가을엔 하늘로 돌려주고 있었던 것이다. 대지는 감사함으로 올려보내고 하늘은 기꺼운 마음으로 돌려받으니 가을 하늘이 어찌 푸르지 않겠는가?

이삭의 무게를 이기지 못해 고개를 숙여도 그 노란색이 가볍게 보였던 이유도 알 것 같았다. 들판을 스치는 바람 소리도 가볍다. 하늘도 들판도 아름답다. 이제 각자 본연의 모습으로 돌아가 휴식의 시간을 맞이하게 될 것이다. 추수가 끝난 빈 들판은 밤이면 별빛과 달빛이 채워주며 내년 봄을 함께 기다려 줄 것이다.

그렇게 나름대로 답을 얻으니 큰 기쁨으로 가득하다. 봄의 감동은 역동적인 뭉클함이었고 가을의 기쁨은 잔잔한 감사함이었다. 봄이 융화의 계절이라면 가을은 환원의 계절인 것 같다.

4월의 덧셈에서 10월의 뺄셈까지는 참 오랜 시간이 걸렸다. 이렇게 내가 알아차릴 수 있게 기다려 준 자연에 감사한다. 늘 곁에 있어도 어리석음으로 보지 못하고 게으름으로 듣지 못하고 때로는 오만함으로 당연하다는 생각으로 무심히 보냈지만 재촉하지도 않고 실망하지도 않고 몇 번이고 지치지 않고 보여주는 자연의 넉넉한 품을 감사한 마음으로 느껴본다.

그러면서 어느덧 나의 삶은 가을의 문턱에 서 있다. 이제 나도 가을처럼 환원하는 연습을 부지런히 해서 10월의 들녘처럼 가벼워지고 싶다.

외상 장부 같은 유서

뒤돌아보면 치마의 안쪽 주름처럼 숨어버린 시간이 나에게 있었다. 내가 시간을 마름질하는 것이 아니라 비몽사몽인 상태로 하루를 어떻게 보냈는지도 모르면서 숨만 쉬었던 그런 세월이어서 두 번 다시 만나고 싶지 않은 기억이기도 하다.

하얀 배를 하늘로 향한 채 겨우 뻐끔뻐끔 숨만 쉬며 강물에 흘러가는 물고기 같았다. 몸과 마음이 지친 나는 어릴 적 동화책에서 본 '이유도 없이 시름시름 앓다가 죽었다'라는 대목이 이런 상태인가보다는 생각이 들기도 했다.

밤이면 내일 아침이 오지 않았으면 좋겠다는 생각으로 몸뚱이를 눕히지만 동창이 뿌옇게 밝아오면 반사적으로 일어나 아침 준비를 위해 부엌에 서 있는 자신이 참 어이없었지만 다음 날도 여전히 그러고 있었다. 며느리라는 이름이, 엄마라는 책임감이 나를 일으켜 세웠다. 몽

유병 환자처럼.

　눈뜨기가 귀찮고 몸을 가누는 것조차 힘든 나는 식사와 식사 사이에는 두 아들을 장난감과 함께 빈방에 풀어놓았다. 녀석들의 노는 소리가 점점 멀어져서 아련한 꿈속의 소리처럼 들릴 때면 나는 방 한쪽 귀퉁이에서 물먹은 솜처럼 가라앉곤 했다.

　그런 내 모습이 참으로 낯설게 보였다. 인생이라고 말할 만큼 긴 시간을 산 것은 아니지만 그래도 두 아이의 엄마가 되기 전까지만 해도 내 모습은 이런 것이 아니었다. 나의 큰 웃음소리 들었던 적이 언제였던가? 너무나 까마득했다.

　결혼을 하고 시집 식구들과 함께 살면서 처음으로 진실이 통하지 않는 벽이 있다는 것을 알았고 그 벽은 상상 밖으로 아주 높고 너무 단단했다. 사람과 사람 사이에서는 진실이 최선이라고 알았는데 모든 인연이 순리대로만 이루어지는 것이 아니고 진실과는 관계없이 꼬이는 인연도 있고 때로는 악연이 복병처럼 숨어있는 것이 삶이란 것을 배우면서 치르는 수업료가 엄청나서 파김치가 되어 버렸다.

　그 견고한 벽 앞에서 전의를 상실한 패잔병이 되어 병원에 가야 한다는 생각조차 거절하고 있었다. 머릿속은 하얗게 비워지고 몸은 한없이 늪 속으로 가라앉는 자신을 보며 어쩜 내일 아침을 못 볼 수도 있겠다는 생각이 스치는 어느 밤에 유서라는 것을 생각해봤다.

　친정 부모님, 형제들, 친구들, 남편 그리고 어린 두 아들의 얼굴이 차례로 지나갔다. 무슨 말을 쓸 것인가? 한참을 생각하다 보니 처음 마음과는 달리 그 모두가 쓸모없는 일이란 생각이 들었다.

 죽는 마당에 남기는 말이란 살아남은 자에게 아픔만 될 뿐이란 생각에 한 사람씩 지우기 시작했다. 마지막으로 두 아들이 남았다. 그래도 녀석들에겐 무슨 말이라도 해야 될 것 같았다.

 꼬물꼬물한 두 녀석에게 무엇이라 쓸까. 다음에 너희는 이러저러한 사람이 되었으면 좋겠다고 쓸까? 그건 잔소리가 될지도 모른다는 생각이 들었다. 훗날 아들들이 살고자 하는 방향과 다르면 쓸데없이 혼란만 줄 것이고 그것이 아무리 좋은 말일지라도 녀석들에게는 굴레를 씌우는 일일 뿐이란 생각이 들었다.

 그럼 모두 생략하고 사랑했다고 적을까? 이건 더 웃기는 말이었다. 책임도 다하지 못하는 주제에 사랑이라니! 30대 초반의 젊은 여자. 그것도 사진 속에서나마 존재할 엄마가 사랑이란 이름으로 녀석들의 어깨에 짐을 남기다니. 그건 위선이란 생각마저 들었다. 모두가 부질없는 짓이란 생각이 들면서 죽는 자는 아무 말도 남기지 않아야 한다는 결론을 내렸지만 그래도 꼭 알려줘야 할 것이 한 가지 있었다.

 남편 사업 실패로 여기저기 빌린 돈에 대한 것 - 채권자 이름, 액수, 이자율, 이자 날짜 그리고 연락처 - 을 상세하게 남겨둬야 한다는 생각이 들었다. 그 당시 도시의 집 한 채 값만큼 빚을 지고 있었으니 기록도 몇 줄에 끝날 일이 아니었다.

 30대에 쓰는 마지막 편지가 외상 장부 같다니! 힘이 쭉 빠지면서 쓴 웃음이 나왔다. 잠들어 있는 두 아들을 내려다보니 아찔해지면서 '이건 아니다'라는 생각이 들었다.

  자신을 추스려야 한다는 생각에 무엇부터 할까 망설였다. 지금 생각하면 병원이나 한의원에 갔어야 했는데 그땐 무슨 오기였는지 몸보다 마음을 다잡는 것이 먼저란 생각이 들었다.

  새로운 시작이란 의미를 억지로 내세우며 꽃꽂이를 배우면서 30대의 위기를 벗어났고 40대에 발을 들여놓았다. 30대보다는 조금 더 살아서인지 마음의 여유가 생기면서 세상살이에는 '꼭'이란 것이 없구나 하는 것을 알아차렸다. 똑같은 상황이라도 각자의 절실함에 따라 해석도 다르고 풀어가는 방법도 다르다. 꼭 해야 될 일도 없고 꼭 해서는 안 되는 일도 없는 듯했다.

  그래서일까. 40대에 생각한 유서는 말줄임표 하나면 되겠다 싶었다. 삶의 평가는 살아남은 자의 몫이니 그냥 점 몇 개 나란히 찍으면 그만일 것 같았다.

  세월이 쌓이면 생각이 자라는 것처럼 두 아들도 이제 성인이 되었다. 때때로 나의 보호자 같은 녀석들을 보며 '최선의 엄마였을까?' 반문할 때마다 마음 한구석에 남아 있는 미안함과 만난다. 생각이 짧거나 판단이 틀려서 시간을 낭비하게 만들지는 않았을까 하는 후회도 남고 마음과는 달리 현실이 따라 주지 못해서 기회를 만들어 주지 못한 아픔들도 많으니 결코 최선의 엄마는 아니었다. 그런 마음은 어디 자식에게만 국한되는 일이겠는가. 내가 아는 모든 사람들에게도 마찬가지다. 그러나 내가 부족할 때나 힘이 들 때마다 그들이 있어 삶이 살 만한 것이란 생각을 하면서 여기까지 왔으니 고마울 따름이다.

하늘 뜻을 안다는 지천명의 나이에 쓰는 유서는 두 줄이면 되겠다.

미안했습니다.

고마웠습니다.

더 많은 나이가 되어도 나를 아는 모든 이에게 남기는 마지막 말로도 이보다 더 확실한 말은 찾을 수 없을 것 같다.

part 3
맹꽁이 같은 然

여름방학

　　　　　　　　　　　　1959년 8월은 아버지의 도로공사 현장인 영덕 지품이라는 곳에서 나는 첫 번째 여름방학을 보냈다.
"남포요!"
큰 목소리와 함께 쾅! 하고 다이너마이트가 터지면 뭉실 피어오르는 먼지와 함께 삐죽한 돌멩이들이 공중으로 날았다가 우르르 떨어지는 것이 보이는 곳에 덩그머니 서 있는 나무로 지은 창고(한바)에서 지내게 되었다.
시멘트 포대와 현장에서 사용하는 공구들이 놓여 있는 창고 한쪽에 사다리를 수직으로 타고 오르면 다락이 나왔고 다락방 작은 창으로 얼굴을 내밀면 맑은 개천이 바로 코 아래로 흐르고 있었다.
내가 도착하자 아버지께서는 평상을 만들어 먼저 넓힌 도로 암거 아래 놓아주셨다. 그곳은 한여름 뙤약볕이 찾을 수 없는 요새 같은 나와 동생의 놀이터였다. 산으로부터 내려온 차고 맑은 물은 우리들의 놀이터에 잠깐 들러 발바닥을 간지럽히며 앞 개천을 향해 흘러가고 있었다.

그 차디찬 물을 튀기며 걷기도 하고 평상에 누워 암거를 지나가는 골바람을 맞으면서 한낮을 보내곤 했다. 암거 옆 축대 사이로 스르륵 지나가는 뱀을 보고 놀라 동생 손을 꼭 잡고 길 위로 도망치다 보면 바람에 일렁이는 뱀 허물에 또 한 번 놀라 저만치 돌아서가곤 했다.

어느 날 밤 깜깜한 공기를 타고 두런두런 사람들 소리와 함께 이상한 소리가 불규칙적으로 올라왔다.

"아저씨들이 마을에 술 한잔하러 가나보다. 여긴 밤이면 호랑이도 나오고 맹수들도 있어서 여러 사람들이 모여서 다닌단다. 삽을 질질 끌면서 쇳소리 내면 짐승들이 도망을 간단다."

'옛날 옛적에 호랑이 담배 피던 시절에…'라고 시작하는 동화를 듣고 있는 것 같았다.

"엄마 진짜로 호랑이가 살아?"

"그럼. 호랑이한테 물려간 사람도 있다네. 날 밝으면 호랑이 똥 보여줄게."

정말일까? 무섭기도 하지만 묘한 호기심으로 잠에 빠져들었다.

"재연아 이리 와 봐라. 이게 호랑이 똥이다."

그런데 그것은 희끗한 데다 물기가 말랐는지 포실하고 몽실한 것이 언제가 엄마가 알려 준 목화꽃과 닮았다(언니는 엄마가 똥을 헤집으면서 자세히 보여줬다는데 토끼털 같은 흰 털들이 있었고 작은 뼈도 그 속에 있었다고 훗날 내게 호랑이 똥 이야길 들려줬다).

똥은 질척하고 더럽고 누런색이란 내 상식을 무너뜨렸지만 호랑이라는 말에 무서워서 평상에 가지 못하고 그날은 엄마 주위를 빙빙 돌았다.

그날은 아직 밤이 되기엔 한참이나 남았는데 갑자기 주위가 어두워지기 시작했다. 큰비가 한줄기 내리겠다면서 엄마는 서둘러 이른 저녁 밥상을 차리셨지만 아버지께서는 공사현장을 둘러보셔야 한다면서 그냥 나가셨다. 엄마는 남폿불 심지를 돋우시면서 나가면 안 된다고 하셨다. 시곗바늘을 손가락으로 휙휙 돌린 듯 갑자기 깜깜한 밤이 되더니 장대 같은 굵은 비가 내리기 시작했다. 그러자 한바는 큰 북이 되어 마구 울렸다.

"계세요?"

그 어둠에서 뚝 떨어진 것처럼 우리 앞에 스님 한 분이 나타나셨다.

"담배 있으면 좀 얻을 수 있을까요?"

막차를 놓친 스님께서는 담배에 불을 붙여 손가락 사이에 끼고 걸어가면 움직이는 맹수의 눈처럼 보여서 무사히 절까지 갈 수 있단다. 엄마는 담배와 성냥을 넉넉히 드렸고 스님은 합장을 한 뒤 어둠 속으로 걸어가셨다.

한바를 울리던 북채의 움직임이 멎었어도 아버지는 돌아오시지 않았다. 긴장한 표정이 역력했던 그 스님은 무사히 절에 도착하셨을까? 바람에 담뱃불이 빨갛게 살아나고 걸을 때마다 앞뒤로 움직일 담뱃불은 정말 짐승의 눈처럼 보일까? 상상하다가 잠이 들었다.

다음 날 아침은 유난히도 투명한 햇살에 눈이 부셨다. 동생과 함께 암거 아래 평상으로 가다가 개천에 벌러덩 누워 있는 버스를 만났다. 심드렁해진 개구쟁이가 내동댕이친 장난감차 같았다. 하늘로 향하고 있는 차바퀴가 낯설었다. 몸을 뒤집어보려고 버둥거리다가 멈춰버린 바퀴벌레 같아서 마음이 안타까웠다. 이건 또 무슨 일인가?

지난밤 개천을 건너가던 마지막 버스가 소나기로 불어난 거센 물살에 밀려 뒤집혔고 현장을 둘러보시던 아버지께서 트럭(GMC)과 버스를 밧줄로 묶어 물이 흐르는 방향으로 버스를 떠내려가게 하다가 개천의 얕은 바닥에 버스를 올린 뒤에 사람들을 개천 건너편으로 구해내셨고 개천 저편에서 아침이 될 때까지 그들과 함께 계셨단다. 그래서 지난밤 아버지는 집에도 못 오셨던 것이다(그 일로 아버지께 감사장이 전달되었다).

그런데 아버지는 왜 버스를 바로 끌어내지 않고 물길에 떠내려가게 했을까? 버스가 떠내려갈 때 차 안에 사람들은 얼마나 불안했을까? 나이가 들면서 삶도 때로는 힘을 빼고 흐르는 물결에 맡겨야 할 때가 있다는 생각을 할 때쯤 순리대로 일을 처리하신 아버지가 크게 다가왔다. 그 장대비 내리던 후텁지근하고 깜깜했던 밤은 무더운 여름밤에 짧은 꿈을 꾼 것 같았다.

방학이 끝나갈 무렵 아버지께서 멋있는 돌을 보여주신다며 나와 동생을 계곡 쪽으로 데리고 가셨다. 평평한 보라색 큰 바위가 나타났다. 계곡 양쪽엔 나무들이 그늘을 빌려주고 있었고 한쪽엔 물이 아래로 떨어지고 있는 평평한 보라색 바위를 보자 며칠 전 상황이 한꺼번에 이해가 되었다.

햇살이 뜨거운 한낮에 한 무리의 사람들이 한바를 지나 계곡 쪽으로 가고 있었다. 지게 위에 커다란 가마솥 뚜껑을 지고 가는 아저씨, 노란 알미늄 주전자를 들고 가는 남자, 커다란 양푼이를 이고 가는 아줌마 그리고 뭔가를 들고 가는 사람들. 이웃도 없이 동생과 지내던 나에겐 반가움이었고 새로운 이야깃거리였기에 엄마를 따라다니며 열심히 종알거렸다.

"칠석이라고 동네 사람들이 회치 갔나보네. 부침개도 붙이고 막걸리도 마시고 이것저것 가져가서 나눠 먹고 쉬다 온단다."

엄마가 말하는 회치는 뭔지 모르겠지만 '칠석'이란 단어는 왠지 정겹고, 옛날에 하고 시작하는 이야기가 가득할 것만 같았는데 칠석날 한바 앞을 지나가던 동네 사람들이 여기에 왔었나 보다. 이 정도 넓이라면 더 많은 사람들이 와도 되었겠다. 시원한 계곡물까지 흐르니 발 담그기도 좋았겠다고 생각했었다.

아버지께서는 넓은 보라색 바위 위에서 기념사진을 찍어주셨다. 카메라가 귀한 시절이었지만 공사현장 촬영용 카메라 덕분에 다른 사람들보다 어린시절 사진이 많아서 오랜 시간이 흘러도 선명한 기억을 가질 수 있음은 큰 행운이기도 하다. 개학을 며칠 앞두고 부산집으로 돌아오면서 내 첫 번째 여름방학은 끝났지만 영덕을 생각하면 간혹은 꿈을 꾸었던 것처럼 느껴지곤 했다.

한 달 뒤쯤 부산집으로 엄마가 오셨다. 벽도 천장도 없이 공사장 옆에 걸려 있는 솥에서 밥 한 주걱을 커다란 돌멩이 위에 올려놓으면 들짐승들이 먹고 가곤 했는데 며칠 전부터는 어미 쥐가 새끼 쥐들을 몰고 와서 그 밥을 먹고 간단다. 그러더니 눈만 반질반질하게 보이던 새끼들이 며칠 사이에 오동통하게 살이 올라 중간 쥐가 된 걸 보고 왔단다.

그냥 지나가는 이야기처럼 엄마는 말했지만 '부산집에 있는 너희들(언니, 오빠, 나)을 생각하며 밥을 준단다'라고 들렸다. 단 한 번도 물어본 적이 없지만 내 생각이 틀렸을 것이라고 의심해 본 적도 없다.

한편의 동화 같았던 영덕 이야기를 다시 이어주는 엄마가 마냥 고마웠다. 그리고 나의 첫 번째 여름방학 위에 영덕을 떠나기 전에 본 넓은 바위의 보라색으로 곱게 색칠을 했다.

나는 몇 년 전부터 65살을 기다렸다. 왠지 65살이 되면 평화로워질 수 있을 것이라는 생각 때문이었다. 지난 5월에는 사진관에 가서 편안한 미소와 함께 65살 기념사진을 찍었다. 그리고 여름엔 65살을 자축하며 영덕으로 추억여행을 가고자 한다.

그 시절 그곳에 정말 호랑이가 있었을까? 절은 지금도 있을까?(부모님 계실 때 절 이름을 알아둘 것을) 그리고 스님은…. 보라색 넓은 바위는 그대로 있을까? 버스를 탄 승객 중에 그날을 지금까지 기억하는 사람은 있을까? 추억여행을 구상하며 언니랑 긴 통화를 하고 잠이 들었다.

사람들 틈에 있다가 이제 집으로 가야겠다는 생각이 들었다. 지금쯤 집에는 아무도 없겠지만 그래도 우리집으로 돌아가야겠다는 생각으로 대문 안으로 들어서는데 아궁이에 빨갛게 장작불이 타고 있다. 누굴까? 방문을 여니 엄마랑 아버지가 계셨다. 반가웠다. 눈물나게 반가웠다.

"우리도 어디 갔다가 좀 전에 돌아와서 군불 때고 방금 들어왔다."

이불 한 자락 걷으며 앉으라는 눈길을 보내신다.

꿈을 깨었어도 생시처럼 느껴진다. 환하게 타고 있던 장작불이 가슴에서 빛이 되어 내 영혼까지 데워주니 벅차다. 보라색 여름밤의 꿈이 온전하게 완성이 된 듯 뭉클하다. 아, 행복하다.

란닝구

오랜만에 부산에 간 김에 영란이네 가게에 들렀다. 잠깐 기다리고 있으라더니 검은 비닐 봉지를 들고 들어온다.

"올해 진짜 덥제. 이것 입어봐. 목면 내의보다 훨씬 시원하다."

길 건너 깡통 시장에서 인견 속옷을 사왔다. 인견의 까실함이 오히려 부드럽게 느껴지는 것은 영란이의 배려 때문일 것이다. 오래전 메리야스의 부드러움이 생각난다.

보리타작을 하고 보릿짚을 태우면 논으로 물이 들어간다. 힘센 트랙터가 논을 뒤엎어주면 모내기가 시작된다.

새벽부터 밤까지 들판에 트랙터 소리로 요란하더니 들판이 초록색 옷으로 바꿔입었다. 온 들판이 들썩거리니 더 잘 수 없어 깨어났는지

치자꽃이 향기를 멀리 보내면서 하얗게 피었다. 이제 본격적으로 여름이 시작되려나 보다.

치자꽃을 좋아하던 엄마가 생각난다. 치자꽃에 코를 갖다 대던 엄마의 등짝에 구멍이 뿅뿅 있던 아버지의 헌 란닝구도 생각난다. 엄마는 아버지의 헌 란닝구를 입고 여름을 보내곤 했다. 어린 내 눈에도 못마땅하여 입지 말라고 하면 집에 있을 때만 입는데 뭐 어떠냐면서 헌 란닝구 예찬을 늘어놓는다.

여자 란닝구와 달리 소매가 있어서 좋고 품이 넓어 헐렁하니 시원해서 좋단다. 그럼 새 란닝구를 입지 구멍 나기 시작한 헌 란닝구를 입느냐고 하면 헌것이 새것보다 얇아서 훨씬 시원하다고 했다. 그건 핑계로 들렸다(내가 어른이 되고 보니 맞는 말이기도 해서 남편에게 새 러닝을 겨울에 몇 번 입고 씻었다가 여름에 주곤 한다).

지금 생각해보면 러닝도 귀하던 60년대니까 구멍이 조금 나기 시작했다고 버리기엔 아까웠을 것도 같다. 어쨌던 아버지의 땀을 받아내고 뜨거운 여름 햇빛에 삭아 얇아지다가 결국엔 개미구멍처럼 구멍이 나기 시작하면 러닝은 엄마 차지가 되었다.

엄마에게로 온 러닝은 여름이 끝날 때쯤이면 구멍이 점점 자라서 두 개의 구멍이 하나로 커지면서 러닝의 구실을 못하게 된다. 가을로 접어들 때면 엄마는 러닝을 재단(?)한다. 구멍 숭숭한 어깨 부분과 그나마 성한 허리 부분으로 나눈다. 허리 부분은 행주가 되거나 엄마의 수건으로 변한다.

"수건을 두고 왜 란닝구 쪼가리로 얼굴을 닦아?"
"수건보다 부드럽고 물기도 훨씬 잘 닦아지니까."
아닌 것 같았다. 타월이 귀하던 시절이니 아낀다고 그러는 것 같았다.
"엄마, 우리 집에 수건 많잖아?"
토목업 하시는 아버지 덕분에 착공식, 상량식, 준공식이란 글자가 새겨진 타월이 많이 있었다.
"수건이 없어서가 아니라 수건에서는 남자 냄새(아버지, 오빠)가 나서 싫다. 너도 란닝구로 닦아라."
그러면서 내게 란닝구 쪼가리를 건네주기도 했는데 남자 냄새는 뭔지 모르겠지만 엄마 말처럼 타월보다 메리야스 촉감이 훨씬 부드러웠다. 모양새가 좀 빠지긴 했지만.

구멍 난 러닝 쪼가리는 버렸다고 생각하는데 겨울이면 엄마는 어디선가 깨끗하게 씻어 돌돌 말아둔 러닝 쪼가리를 들고 나왔다. 그 시절엔 신문지가 팔방미인이었다. 신문지가 포장지가 되기도 하고 유리창 청소할 때면 훌륭한 걸레가 되기도 했다. 변소 한 귀퉁이에 가지런히 잘라서 매달아 놓은 신문지 조각 한 장 떼어내어 손으로 비벼 부드럽게 만들어 큰 것을 보고 뒤를 닦는 생필품이기도 했었다.
어쩌다 한 해가 시작될 때 무슨무슨 라사, 무슨무슨 금방이라고 적혀 있는 습자지로 된 일력을 구하면 몹시 좋아했다. 그건 손으로 비비지 않아도 부드러워서 날이 바뀌면 서로 먼저 뜯어서 변소로 가곤 했다. 어떤 날을 여러 사람이 뜯어서 세월이 저만큼 먼저 가기도 했다.

 코감기가 들면 아무리 부드럽게 만든 신문지도 몇 번 사용하고 나면 코 밑이 따가웠다. 그럴 때 엄마는 서랍 한구석에 야무지게 넣어두었던 구멍 난 란닝구 쪼가리로 우리들의 코를 훔쳐주곤 했다. 습자지 일력은 잘못하면 콧물이 삐져나오는 사태가 생기기도 하지만 란닝구 쪼가리는 부드러우면서도 안전했다. 우리들의 코로 범벅이 된 란닝구 쪼가리는 그제서야 쓰레기통으로 들어갔다.

 난 '부드럽다'는 단어를 생각할 때면 버려도 아깝지 않을 헌 란닝구 쪼가리가 생각나면서 마음이 느슨해진다.
 '부드럽다'는 촉감보다는 감정적인 단어로 먼저 생각되는 것이다. 투박한 엄마의 손바닥조차 부드럽게 감싸주던 란닝구 쪼가리 덕분일 것이다. 요즘 형형색색으로 단장한 향기 나는 티슈의 부드러움이 그 옛날 엄마의 사랑이 코팅된 란닝구 쪼가리보다 못하다는 기억은 당연한 일인 것 같다.
 남자 냄새 없애주는 향수라며 시들은 치자꽃마저 바구니에 담아서 구멍 난 란닝구 바람에 펄럭이며 오빠방으로 가던 엄마의 뒷모습이 눈에 선한 초여름이다.

염 치

　　　　　　　　　　　　서울에는 사람들이 많다더니 지하철
문이 열리자 한 뭉치의 사람들이 내리기가 바쁘게 또 다른 한 뭉치의
사람들이 꾸역꾸역 밀고 들어온다. 신호등도 없고 건널목도 없는 시골
들판에 살다보니 가는 곳마다 넘쳐나는 사람들 사이를 비집고 다니는
것이 이렇게 피곤한 일인 줄은 몰랐다. 퇴근 시간이 한참이나 지났건
만 출근하는 사람들처럼 긴장감을 잃지 않고 있는 서울 사람들을 바라
보는 내 모습이 시골 쥐 같다는 생각에 젖어 있는데 흰 종이가 무릎 위
에 놓였다. 얼굴을 들어보니 다른 사람들 무릎 위에도 흰 종이를 내려
놓고 있는 좀 야위고 구부정한 할아버지가 눈에 띄었다. 서울에 걸
인이 있다는 사실이 반가웠다. 팽팽한 느낌의 서울 사람들보다는 힘없
고 느릿느릿한 걸음의 할아버지가 나와 더 가깝게 느껴졌기 때문이다.
저쪽 끝까지 돌아서 오려면 시간이 꽤 걸리겠다는 생각으로 힘겹게 사

람들 사이를 빠져나가는 할아버지의 뒷모습을 보니 생각나는 사람이 있었다.

　60년대에는 걸인들이 많았다. 대문을 잠그지 않는 우리 집은 - 물도 귀하던 시절이라 산동네 사람들이 우리 집 우물물을 길어가야 한다고 엄마는 해가 지기 전까지 대문을 열어 놓았었다 - 걸인들이 많이 들락거렸는데 특별대우를 받는 할아버지 걸인이 있었다. 나이가 지긋해서인지 원래 조용한 성품이었는지 모르겠지만 다른 걸인들과는 달리 조용한 목소리로 밥을 구걸하셨다. 언젠가 마루에서 점심을 먹고 있을 때 할아버지가 구걸을 오셨다. 괜찮다고 뒷걸음질치는 할아버지 손을 붙잡고 엄마는 막무가내로 들어오시라고 하더니 우리들을 향해 바싹 당겨 앉으라고 하셨다.
　우리들 밥그릇을 양쪽으로 밀고 행주로 밥상을 닦은 뒤 수저를 다시 놓으며 우리와 함께 앉아 식사를 하시자고 했다. 몇 번 사양을 했지만 엄마가 너무 강경하게 나가는 바람에 얼떨결에 할아버지는 우리와 함께 점심을 먹고 가셨다.
　그 일이 있은 후 길에서 할아버지를 만나게 되면 유심히 보게 되었는데 남루하지만 옷이 깨끗하여 걸인 같지 않았고 다소곳한 시선으로 최대한 길 안쪽으로 조용히 걷는 것을 보았다. 그리고 까맣고 동그란 안경을 끼고 계셨는데 부러진 오른쪽은 안경다리 대신 실로 고리를 만들어 귀에 걸고 계셨다. 공작 시간에 만드는 종이 가면 고리 같아서 인상적이었던 할아버지도 어느 때부터인지 거리에 걸인이 줄어들면서 볼 수 없었다. 어쩌다 그 할아버지와 비슷한 노인을 볼 때면 우리를 한쪽으로 밀어내면서 한 밥상을 고집했던 엄마의 마음은 무엇이었을까? 하는 질문을 해보았지만 정확히 그 맘을 이해할 수 없었다. 그리고 세월이 흐르면서 그 질문조차 잊어버리고 살다가 '어쩌면 이런 마음에서일 거야'라는 생각이 들었을 때 돌아보니 내가 어느덧 그 옛날의 엄마 나이에 있었다.

거리가 멀면 마음도 멀어진다는 말 때문인지, 아니면 출가외인이라는 말에 박자를 맞춘다고 그랬는지는 모르겠지만 한집에 사는 시부모님은 당연하게 챙기면서 친정 부모님은 자주 잊고 살았다.

그러다가 길을 걷거나 버스 속에서 부모님과 닮은 사람을 보거나 비슷한 연세의 노인을 보면 갑자기 그리워지면서 명치끝이 아릿할 때가 있었다. 어쩜 엄마도 시골에 계신 외할아버지를 생각하는 맘으로 할아버지 손을 잡고 오셨던 것 같다. 흐린 기억의 조각을 맞춰보면 왜소하고 깔끔하면서 조용한 모습이 외할아버지와 비슷했던 것 같다. 눈에 밟힌다는 말은 윗사람이 아랫사람에게 쓰는 말인 줄 알았는데 결코 그런 것만도 아니었다. 엄마도 나처럼 자신의 일상에 밀려 자주 챙기지 못하는 외할아버지를 생각하면서 걸인 할아버지께 밥상을 차려주셨을 것이란 생각은 엄마한테 확인하지 않았지만 지금도 변함이 없다.

사람들 무릎 위에 얹어두었던 종이를 회수하면서 가까이 오고 있는 할아버지를 보면서 지갑을 열어보니 10,000원짜리 지폐와 동전뿐이다. 동전을 한 움큼 쥐고 할아버지를 기다리면서 또 다른 질문을 해본다. 나라면 아버지를 닮았다는 이유만으로 엄마처럼 할 수 있을까? 할아버지가 구걸을 올 때마다 당연한 것처럼 변함없이 밥이나 반찬을, 그것도 마땅치 않을 때면 쌀이라도 주던 엄마를 생각하면 또 다른 이유가 있었을 것이다. 곰곰 생각해 보니 할아버지는 구걸을 다녀도 염치를 지키고 있었다는 생각이 든다. 우리 집 대문이 열려 있다고 매번 들어오시는 것이 아니었다. 언제라도 싫은 내색하지 않고 뭔가를 주는 집인 줄 알면서도 그냥 지나치는 일이 결코 쉬운 일은 아니었을 것이다. 그러나 할아버지는 나름대로 규칙이 있었던 것 같다.

사람이 염치를 알고 지키는 것이 자존심이란 생각을 한다. 상황이 어려울 때 자존심을 지키려면 스스로에게 더 많이 엄격해야 하지 않을까? 어린 마음에 할아버지가 걸인처럼 보이지 않았던 것은 할아버지가 지킨 염치 때문이었던 것 같다. 이제는 확인할 길이 없지만 엄마도 그것을 알았을 것이란 생각이 든다. 사람들을 헤치고 내게 종이를 회수하러 온 할아버지께 '1,000원짜리가 없어서…'라고 말을 흘리며 동전을 건네자 고맙다고 인사를 하신다. 공허한 바람이 될지 모르겠지만 이 할아버지도 최소한의 염치를 지켰으면 좋겠다는 생각을 해보았다.

긴장감을 절대 풀지 않을 것처럼 보이는 서울의 공기 속에서 나는 이방인이라는 생각으로 흔들리는 지하철에 몸을 맡긴다.

맹꽁이 같은 然

초등학교 2학년 봄날이었다. 춘분도 지나고 낮의 길이가 제법 길어졌다. 4월을 시작하는 첫날 서산으로 지는 해가 유난히 크고 노을빛이 아름다웠다. 해가 서산으로 꼴딱 넘어가기 전에 나의 무용담을 자랑하고픈 마음에 숨 넘어가는 소리로 엄마를 부르며 뛰어 들어갔다.

"엄마! 나 오늘 해운대 갔다 왔다."

"안 속는다 안 속아. 오늘이 만우절인 것 나도 알거든."

잠깐 나와 눈을 맞추곤 다시 저녁 준비를 하신다.

"아닌데, 수영 비행장도 봤는데."

갑자기 엄마는 몸을 일으켜 세우면서 하던 일까지 그대로 두고 내 손을 끌며 방으로 들어가더니 독대라도 하려는 듯 나를 마주 앉혔다.

"해운대 내렸을 때 울었나, 안 울었나?"

"안 울었는데…."

"그럼 지금부터 오늘 있었던 일을 처음부터 차근차근 이야기해봐라."

너무 정중하게 앉은 엄마가 좀 의아했지만 금방 나의 대견한 이야기를 신나게 늘어놓았다.

"집으로 돌아오는 버스 안에서 졸다가 눈을 뜨니 모르는 경치가 지나가서 정신 좀 차려보면 알게 되겠지 했는데 몇 정거장 가더니 종점이라고 해서 내렸지."

종점이라 차 안에 남은 사람들 모두 내리니 나도 내렸다. 말로만 듣던 해운대였다. 집으로 가야 하는데 돈이 없다. 차비가 없으니 걸어가야 하는데 길을 모르니 누군가에게 물어봐야 했다.

양지쪽 구멍가게 앞에서 할아버지 두 분이 장기를 두고 계셨다. 구멍가게 쪽으로 걸어가면서 생각했다. 해운대에서 범일동까지 억수로 멀다고 하던데…. 내가 그곳까지 걸어가야 한다면 할아버지들이 놀라실텐데…(내가 워낙 작고 빼빼했다).

뭐라고 물어야 할아버지들께서 놀라지 않고 길을 알려주실까?

그 짧은 순간에 나름대로 열심히 머리를 굴려 생각해낸 것이 '방향'이라는 단어였다.

"할아버지 범일동 가는 방향(특히 힘주어 말했다)이 어떻게 됩니까?"

"신작로에 가서 큰길을 따라 곧장 가면 된다."

할아버지의 손끝 방향으로 타박타박 걸었다. 잘 가고 있나? 걱정할 때쯤 머리에 함지박을 이고 가는 아주머니를 만났다. 또 한 번 범일동 가는 방향을 물었다.

"날 따라오렴. 지름길로 가자."

아주머니는 신작로가 아닌 들판으로 내려서 걸어가셨다. 행여나 놓칠까봐 아주머니 뒤를 그림자처럼 쫄래쫄래 따라갔다. 한참을 가다가 다시 신작로 위로 올라서면서 곧바로 가라고 하신다.

고맙다고 인사하고 조금 걷다보니 비행장(수영비행장)이 나왔다. 책에서 보던 잠자리채 모양으로 생긴 깃발이 바람을 한껏 품고 꼬리를 흔들고 있었다. 비행장 철조망에 바싹 붙어 비행기가 뜨고 내려앉는 것을 열심히 봤다. 여태껏 하늘을 날아다니는 비행기만 보았는데 큰덩치의 비행기가 활주로를 달리는 것은 큰 구경거리였다. 동생에게 새로운 자랑거리가 생겼다 싶어 더 열심히 보았다.

꼼짝 않고 앉아 내 이야기만을 경청하는 엄마를 보며 신나서 더 큰 소리로 열심히 이야기를 늘어놓았다.

"그런데 엄마, 세 갈래 길이 나오니까 오른쪽도 왼쪽도 모두 곧게 보여 어디로 가야 할지 모르겠던데."

"그래서 우쨌노?"

"기다렸지 뭐."

"뭘?"

"해운대에서 대신동으로 다시 돌아가는 버스가 오기를 기다렸다가 연기가 안 보일 때까지 뛰었지."

그 당시는 버스 뒤쪽 연통에서 연기를 풍풍 내며 달렸다. 난 작고 빼빼했지만 달리기는 자신 있었다. 세 갈래 길을 만날 때마다 버스를 세워서 탈 것처럼 힘껏 달리다가 숨이 차면 다시 타박타박 걸었다. 하염없이 걸었다.

점심도 못 먹고 몇 시간을 걸어서 지쳐갈 때쯤 아이들이 우루루 지나가면서 누가 우리 봤냐고 물으면 못 봤다고 하라면서 휙 지나간다. 주위를 두리번거리며 쑥 캐러 왔다가 남의 밭 채소라도 뽑았나 보다고 내 멋대로 상상하면서 고갯길을 무겁게 올랐다.

고갯길 꼭대기에 섰을 때 눈이 시원해졌다. 낯익은 풍경이 발아래 있었고 해는 서산으로 지고 있었다. 다 왔다는 안도감 때문인지 커다란 해가 웃으면서 춤추듯 노을을 둥실둥실 타고 있었다. 아직도 눈에 선한 내 생에 최고의 석양이었다.

고갯길을 앞으로 꼬꾸라질 듯이 다다다다 한숨에 뛰어내렸다. 오늘 내 이야기를 들으면 엄마가 얼마나 장하다고 생각할까? 스스로 대견하다는 생각으로 단숨에 나의 무용담을 늘어놓았고 이제 엄마의 칭찬을 기대하는 순간에 가만히 듣기만 하던 엄마가 솟구치며 소리를 질렀다.

"야이 맹꽁이 같은 년아! 할배 놀랄까봐 방향이 어디냐고 묻는 년이 차장보고 차비가 없으니 좀 태워달라는 소리는 왜 못 하냐."

놀랐다. 엄마가 갑자기 소리지르는 것도, 난생처음 들어보는 년이라는 욕에도 놀랐다. 차비가 없어서 걸어왔을 뿐이고 처음 가본 해운대에서 길을 잃지 않고 찾아왔으면 칭찬받을 일이 아닌가? 엄마가 이해되지 않았다.

"여유도 없이 차비만 준 임자가 잘못했네."

저녁에 돌아오신 아버지께서는 엄마를 나무라셨다. 돈 넉넉히 주라는 말과 함께. 종일 걸었던(태어나 그렇게 오랫동안 걸어보기는 처음이었으니까) 나는 저녁밥 마지막 숟가락은 이미 눈을 반쯤 감고 먹었다. 그리곤 바로 잠이 들었다.

밤중에 도란거리는 이야기 소리가 잠결에 들렸다. 엄마와 아버지께서는 간혹 우리들이 잠들면 깜깜한 어둠 속에서 가만히 누워서 부부싸움을 하셨다. 무슨 일일까? 눈은 뜨지도 못하고 귀만 기울였다.

"가시나 점심도 쫄쫄 굶고 해운대서 여기까지가 어디라고 종일 걷고."

하필이면 그날은 가정방문이 잡혀 있어 2시간 수업만 하고 돌아오게 되어 있었다.

"늦다 싶으면 찾아봐야지."

"대신동 집에서 놀다가 오는 줄 알았지요."

언니와 오빠랑 함께 대신동 본가에서 학교를 다녔는데 마침 아버지 공사 현장이 범일동이라 난 버스 통학을 하고 있었다.

"할배 놀랄까봐서 방향이라고 묻는 입으로 가다가 아버지 만나서 차비 준다는 소리는 왜 못 하노."

그때 아버지께서 교량 공사 중이셨는데 한쪽을 먼저 만들었고 다른 한쪽으로 노선버스가 지나가고 있었다.

"그러니까 아이지. 내일부터 돈을 넉넉히 주소."

다음 날부터 붉은색 일원짜리 지폐를 돌돌 말아 한 움큼씩 쥐고 다녔다. 나는 졸지에 부자가 되었고 그 사건은 일단락되는 줄로 알았는데 그렇지가 않았다.

엄마는 나와 마주치면 '으이그 저 맹꽁이 같은 년'하며 눈을 흘겼다. 그런데 엄마 눈을 슬그머니 피하는 내 등짝에서 느껴지는 따스함은 또 뭔가? 그 맹꽁이 같은 년이라는 소리가 묘하게도 따뜻하게 들렸다.

'저 쪼맨한 것이 점심도 굶고 종일 걸었으니… 내 새끼 아까워라'라고 들렸다.

때론 엄마 혼자서 맹꽁이 같은 년이라고 중얼거렸는데 그때의 맹꽁이는 내가 아니라 엄마 자신을 향한 말처럼 들렸다. '왜 미리 돈을 넉넉히 안 줘가지고'라고 자책하는 것 같았다. '시간을 되돌릴 수만 있다면…'이라고 자신을 탓하는 소리로 들렸다.

모내기로 물을 가득 품고 있는 들판은 밤이면 개구리 소리로 가득하다. 종류마다 다른 이런저런 개구리 울음 사이로 가끔 맹꽁이 울음소리가 들린다. '맹꽁이 같다'고 할 때의 맹꽁이는 '맹'하다는 말인가? '꽁'하다는 말인가?

내 경험으로는 '꽁'은 아닌 것 같고 '맹'하다는 말인 것 같은데 멍청하다는 의미이기보다는 '알 만한 것이'라는 안타까움이 묻어 있는 '맹' 같다. 두 눈의 초점이 어느 거리에서 잠깐 보이지 않는 맹점의 '맹'이 아닐까?

　맹꽁이 같은 년!

　그건 욕이 아니었다. 자식의 고생이 아까워죽겠다는 엄마의 강한 애정이 담긴 반어법적 표현이었다.

　맹꽁이 같은 년!

　다시 들어보고 싶은 말이다. 수십 번 들어도 좋기만 할 맹꽁이 같은 년.

응시

　　　　　　　　　　　희끗한 머리카락, 굵게 패인 주름, 좀은 지친 듯한 촌부가 무표정한 얼굴로 먼 곳을 처다보고 있다. 손가락 사이에서 가는 연기가 피어오르고 있는 담뱃재의 길이로 봐서 한참이나 그렇게 묵묵히 앉아 있었던가 보다. 흑백의 음영에서 삶의 시간이 느껴지는 인물 사진 아래 오빠의 이름과 함께 '응시'라는 제목이 붙어 있다.

　응시? 눈에 힘이 들어 있지 않은데… 제목이 썩 마음에 들지 않았다. 내가 생각하는 응시는 어떤 사물이나 상황을 뚫어지게 바라보는 것인데 저렇게 느슨한 몸으로 넋을 놓고 허공을 하염없이 바라보는 것을 응시라 하다니 제목이 어울리지 않는다고 생각했던 그때 나는 고등학생이었다. 그리고 그 느낌을 금방 잊어버렸다.

　부산에서 이곳 고성으로 옮겨와서 살면서 마당에 토종닭들과 거위 세 마리를 키웠다. 동물을 별로 좋아하지 않지만 거위에겐 늘 마음이 갔다. 어릴 때 친구 집에 갔을 때 거위가 있었는데 소리를 꽥꽥 지르며 마당을 여유 있게 다니는 녀석의 기상이 대단했고 의젓한 것이 늘 큰언니 같았던 구원이를 닮았다고 느꼈던 기분 좋은 기억 때문인 것 같다.

어느 늦여름 태풍이 오던 날 거위가 걱정이 되어 자꾸만 눈길이 갔다. 태풍이 가까워지는지 바람이 거칠어지기 시작하는데도 녀석은 목을 있는 대로 쭉 뽑고 마당에 턱 버티고 서 있다.

왜 집에 들어가지 않느냐고 걱정하는 내게 시동생이 말했다. 더위를 많이 타는 거위가 시원해지니 좋아서 그런다고 했다. 상식이 짧은 나는 그건가보다고 생각을 하면서도 자꾸 마음이 쓰여 자주 쳐다보게 된다. 바람이 점점 더 세차게 불어도 녀석은 꼼짝 않고 버티고 서 있다. 쭉 뽑아 올린 뻣뻣한 목이 주는 긴장감, 물갈퀴를 최대한으로 벌려서 땅에 착 붙이고 있는 모습이 예사롭지가 않다. 조금 뒤에 봐도 그 자리에 서 있긴 한데 머리 방향이 좀 바뀌어 있고 한곳을 바라보는 두 눈엔 여전히 힘이 들어 있다.

어쩌자고 저렇게 눈을 부릅뜨고 있는 걸까? 몸 전체에서 느껴지는 긴장감은 무엇일까? 눈으로 무엇을 지켜보고 있는 것일까?

태풍이 다 지나갈 때까지 그 자세를 그대로 유지하고 있다. 버티려고 안간힘을 쓰는 것이 보여 나도 모르게 용을 쓰고 있었다. 꼼짝도 하지 않는 것처럼 보이면서도 달라지는 건 바람의 방향이 바뀔 때마다 몸의 방향이 바람이 불어오는 곳으로 향하고 있었음을 한참 뒤에 알았다.

바람을 측면으로 맞고 뒤뚱거리면서 넘어질까봐 차라리 정면으로 맞아 바람을 맞으며 유연하게 흘려보내는 것처럼 보였다. 그러고보니 바람을 측면에서 맞으면 단박에 넘어지기도 하겠고 다시 일어서는 것도 힘들겠다는 생각이 들었다.

 그래서 바람과 직면하고자 그렇게 뚫어져라 바라보며 버티고 있었던가 보다. 내 관찰이 맞는지 틀렸는지는 잘 모르지만 버티기 위해 바람을 집요하게 바라보는 것처럼 보였을 때 응시라는 단어가 다시 떠올랐다. 그래, 온 마음으로 한곳을 뚫어져라 바라보면서 그것과 대응하는 것이 응시라고 생각했다.

 많은 시간이 흐른 지금 난 오래전 흑백 사진 속의 촌부의 나이가 되었다. 그래서일까. 그 촌부의 응시를 조금 알 것 같다. 그 촌부의 눈길이 닿아 있던 막연한 허공도 알 것 같다. 나름대로 부지런히, 최선이라고 생각하며 살아온 것에 비해 결과물이 너무 빈약하여 참 허망하고, 지나온 크고 작은 시간조차 부질없음을 허공으로 날려 보내고 있었는지도 모르겠다.

 그렇게 필름을 거꾸로 돌리다가 모두가 자신의 선택이었음을 알아차렸을 때 온몸의 힘이 청소기 속으로 빨려 들어가는 먼지처럼 느껴지던 허탈감을 희뿌연 허공으로 던지고 있었는지도 모르겠다. 그러다가 모든 것이 내 탓이라는 것을 깨달았을 때 한꺼번에 미움의 대상이 사라지면서 어쩔 수 없이 무기력해지는 자신이 낯설기도 할 것이다.

 문득 경계가 무너지는 듯한 당혹감으로 바닥에 뒹굴고 있는 자신을 만났을 때 엄습하는 위기감을 함께 뚫고 나와 그래도 내 삶을 총정리는 해야 한다는 이성이 어느 한구석에라도 남아 있었던 것이 참 다행이란 생각이 들었다. 그리고 열심히 살아온 자신을 다독이며 기다려주고… 그런 후에 일어서자, 올라가자며 자신을 추스른다. 그러면서도 조금은 자신이 없다.

해는 서산으로 넘어가려고 하는데 갈 길은 멀어서 마음이 바쁘다. 그러나 이제는 마음의 속도를 따라갈 수 있는 나이가 아님을 어쩔 수 없이 인정해야 한다. 패기 넘치는 젊은이처럼 먼 미래를 꿈꾸며 커다란 원을 그리는 것은 턱없는 욕심이다. 지금 이 자리에서 오늘이라는 반경으로 하루라는 작은 원이라도 제대로 그리는 것이 더 현명한 방법이며 더 절실한 것이란 생각을 한다.

하루를 제대로 느끼며 매일을 차곡차곡 쌓아가는 것이 남은 시간을 낭비하지 않는 것이란 생각을 한다. 그래도 오늘을 만날 수 있어 작은 원을 그릴 수 있음이 얼마나 고마운 일인가. 큰 원이 아니기에 언제라도 그릴 수 있음이 축복이란 생각도 해본다.

아침이면 제일 먼저 현관문을 열고 떠오르는 태양을 바라보며 합장하고 허리를 굽힌다. 또 하루라는 새로운 원을 그릴 수 있어 너무 감사합니다. 그리고 허공을 바라보며 숨을 가다듬어본다. 거위의 눈빛이 아닌 흑백 사진 속의 촌부와 같은 눈빛으로 오늘을 끌어안아 본다. 그리고 무심하게 흘려들었던 글귀를 읊조려 본다.

　　　　네가 헛되이 보낸 오늘은/ 어제 죽은 이가 그토록 기다리던 내일이다.

방음장치

결혼해서 두 아들의 엄마가 되고 아침부터 저녁까지 종종걸음을 치면서 살 때 방음장치가 확실하게 되는 방이 하나 있으면 참 좋겠다고 생각했던 적이 있었다.

8개월쯤 된 작은 녀석이 어느 날 탈장이 되면서 몸과 마음이 더 바쁜 일상으로 변했다. 탈장 수술은 최소한 돌을 지나야 할 수 있다고 하고 수술하지 않는 방법으로는 아이를 한 달 이상 한 번도 울리지 않아야 새살이 돋아 구멍이 막힌다고 했다.

그날부터 아침에 눈을 뜨면 녀석을 등에 업는 일부터 시작했다. 밥을 할 때, 설거지할 때, 청소할 때, 시장을 갈 때, 심지어 화장실 갈 때도 녀석을 업고 다녔다. 요즘처럼 좌변기가 아닌 화장실이라 녀석을 업은 채로 쪼그리고 앉고 서기가 힘들었지만 녀석을 울리지 않으려니 내 몸에 붙이고 있는 것이 최선의 방법이었다.

종일 업고 다니다가 녀석들을 재우고 나면 그때서야 모아둔 기저귀랑 빨래를 하고 방에 들어오면 자정을 넘기기가 일쑤였다. 한 달이라고 하지만 불안해서 녀석이 돌을 지나고도 한참 동안 업고 생활하니 저녁이면 허리도 어깨도 몹시 아프다. 늘 마음은 무엇엔가 쫓기고 몸은 나른했다. 이런 것이 나의 모습이었던가? 아닌 것 같았다.

문득 내 꼴을 돌아보며 '이게 뭐꼬?'라며 허탈감에 빠지곤 했다. 산에서 뽑혀와 정원으로 옮겨진 소나무가 갑자기 바뀐 토양에 적응하지 못해 잎을 떨구며 생기를 잃어가는 것처럼 내가 시들어가는 듯한 느낌이었다. 꽥꽥 소리라도 질러보면 속이 후련할 것 같았다. 그러나 내가 녀석들로부터 자유로워져서 소리라도 지를 수 있는 시간은 언제나 주변이 조용한 한밤중이었다.

그때 시간에 구애받지 않고 소리 지를 수 있게 방음장치가 잘된 방이 하나 있으면 좋겠다는 생각을 했다.

요즈음 가끔 그 방음장치가 잘된 방이 다시 생각난다. 지금 그런 방이 있으면 고함이 아니라 큰소리로 펑펑 울어보고 싶다. 그게 뭐 그렇게 어려운 일이냐고 반문하는 사람도 있겠지만 나는 철들고 지금까지 한 번도 그렇게 울어보지 못했다. 내 삶이 울 일이 없이 넉넉하고 평탄한 것도 아니었는데 소리 내어 우는 일이 나는 왜 그리도 어려웠던지 모르겠다. 그래서일까. 잘 우는 사람이 얄밉게 부럽기도 하다. 눈물샘이 말라버린 것도 아닐텐데.

눈물은 여자에게 무기가 되기도 한다는데 그 무기를 쓸 줄 몰라서 더 힘들게 살았는지도 모르겠다. 나는 왜 우는 일에 때와 장소를 먼저 생각하는지, 울다가도 다른 사람이 보면 눈물이 쏙 들어가버리는 것은 무슨 조화인지?

오빠와 이별하는 날도 그랬다. 발인제를 지내며 마지막 절을 올리는데 아무리 힘을 줘도 어깨가 들썩거리기 시작했다. 마악 소리가 터져 나오려는데 간발의 차이로 언니가 먼저 소리 내며 울기 시작했다.

'와 니가 먼저 가노. 뭣 땜에 순서를 바꿔서 니가 먼저 가노'라며 언니가 우는데 오빠를 보내는 나보다 동생을 먼저 보내는 언니의 슬픔이 더 크구나 하는 생각과 동시에 내 눈물은 안으로 기어들었고 털썩 주저앉아 있는 언니를 부축해야 한다는 생각과 동시에 나는 벌써 언니의 겨드랑이 아래로 팔을 넣고 있었다. 그렇게 삼켜버린 울음이 복통이 되었는지 오빠를 보내고 난 원인도 모르는 복통으로 3박 4일 병원에 입원하는 것으로 눈물을 대신했다.

내가 제때 울 줄 알았더라면 내 삶이 좀은 가벼웠을지도 모르겠다. 늦었지만, 아니 더 늦기 전에 눈물이라는 무기를 맘껏 써보고 싶다. 나 자신의 정화를 위해.

얼마 전에 처음으로 소리 내어 우는 일에 도전했다. 일상의 자잘한 것들이 계속 나를 건드리고 있었다. 영악하게 살지 못한 내가 나를 긁고 있기도 했다. 엉뚱한 일에 괜히 짜증을 부리다가 깜깜한 들판을 휘휘 걸었다. 잠이나 자자고 방에 들어왔다가 이참에 오늘 한번 울어보자는 생각에 밤 10시에 고개를 넘어 슈퍼로 갔다. 소주를 한 병 샀다. 여태 소주 2잔도 먹어보지 못한 주제에 잘 될까? 그때 소맥이 잘 넘어간다는 주위들 상식이 생각나서 계산하려다가 맥주 한 캔을 더 올렸다.

작심하고 소맥을 마셨다. 커피 마시듯 마셨다. 맛도 모르면서 그냥 목구멍으로 흘렸다. 이런저런 감정들이 지나간다. 참고, 이해하고, 기다리고, 또 기다리는 미련하기 그지없는 곰탱이 같았던 내 삶들이 지나간다. 누군가가 강요한 것도 아닌데….

그리고 엄마 아버지께 너무 미안하다는 생각이 들자 울컥 치밀어 오르면서 울음보가 터졌다. 엄마를 부르니 더 격한 울음이 나왔다. 그간 꼭꼭 눌러 놓았던 엄마를 마음껏 불렀다.

방문을 열어 본 남편도 뜨아 했는지 도로 문을 닫는다. 그렇게 울다가 잠이 들었다. 새벽녘 속이 뒤틀려 잠을 깼는데 어지러워서 일어설 수가 없다. 엉덩이를 밀며 마루를 지나 화장실에 가서 토해냈다. 다시 엉덩이 걸음으로 돌아와 남은 잠을 잤다. 아침에 눈을 뜨니 벽과 천장이 돈다. 원래 나의 계획은 남편이 일어나기 전에 차를 몰고 횡하니 나가는 것이었는데….

몸이 내 뜻대로 움직여지지 않으니 아침을 차려주지 않는 것으로, 아침도 굶고 늘브러져 있는 것으로 끝내는 수밖에 없었다. 맥주 한 캔과 소주 반병이 무슨 맛인지도 모르게 없어졌고 내 속이 시원한지 어떤지도 모르겠지만 아무튼 소리 내어 우는 일은 해냈다. 시작이 반이라니 다음엔 술 없이 울어 볼 것이다. 방음장치 없이도 울어볼 것이다.
 가는 비 내리는 날 바닷가에 차를 세워놓고 실컷 울어볼까? 지나간 시간은 지나간 시간일 뿐이라고, 그렇게 긴 세월 차곡차곡 쌓아 둔 것들을 하나씩 꺼내버리는 작업을 해보려 한다.
 그렇게 해서 가벼워지고 싶다.
 남에게도 나에게도.

흰녹색

며칠 후 4살짜리 손녀 나언이가 온다기에 문방구로 갔다. 나언이와 함께 놀기 좋도록 스케치북, 색칠노트 그리고 크레파스를 샀다. 기분이 좋다. 아주아주 오래전 크레파스 뚜껑을 열자 가지런히 누워 있는 아름다운 색들을 만났을 때가 떠올라 가슴이 팔딱인다.

어렸을 때 내가 어른이 되면 엄마처럼 하지 말아야겠다고 생각했던 것이 두 가지 있었다. 하나는 짧은 순간이지만 어떻게 하지? 망설이게 만드는 두세 개 또는 서너 개 라는 숫자다.

뒤안에 가서 감자 두세 개, 양파 서너 개 가지고 오라는 엄마의 심부름은 나를 곤란하게 만들곤 했다. 두 개, 세 개 아니면 네 개라고 말해주면 망설이지 않고 단숨에 심부름을 할 수 있는데…. 짧은 순간이지만 고민하다가 두 번 걸음하지 않을 심산으로 큰 숫자를 택하곤 했다.

또 하나는 그 서너 개보다 더욱 마음에 들지 않는 색깔 이름들이었다. 엄마가 바느질을 할 때면 반짇고리에 돌돌 말려 있는 천조각을 넘기면서 놀았다. 화려하게 반짝이는 양단·공단 조각들과 은은하면서 부드러운 촉감의 뉴똥 그리고 엄마가 손수 염색한 명주천 조각들을 하나씩 만져보고 넘기면서 놀았다.

제각기 다른 질감과 색깔들을 보며 엄마에게 무슨 색이냐고 물어보면 쑥색, 가지색, 녹두색, 팥죽색, 계란색 등등의 도무지 맘에 들지 않는 대답을 늘어놓는다. 심지어는 호박색, 수박색 그리고 국방색까지 나온다. 비치색, 옥색 정도는 그나마 들어줄 만한 이름이었다. 다음에 내가 학교에 가면 정확한 색이름을 배워서 엄마에게 알려줘야지 라고 생각했다.

드디어 '빨강색 노랑색 초록색 보라색'이라고 명료하게 이름표를 붙인 크레용을 만났을 때 조금은 흡족했다. 그 크레용은 질감이 딱딱하고 9가지 12가지 정도의 색이라서 단조로웠기에 두 가지의 색을 섞어서 또 다른 색을 만들곤 했다.

3학년 때쯤 크레파스라는 것이 나왔고 새로 산 크레파스 뚜껑을 열었을 때의 대단한 만족감을 지금도 생생하게 기억한다. 크레용과는 스케일이 달랐다. 처음 보는 갖가지의 색들이 가지런히 누워서 웃고 있었다. 녹색과 흰색을 섞어가며 만들던 색이 '흰녹색'이란 이름표를 달고 나를 기다리고 있었다. 설빔으로 새 옷을 받은 것보다 더 좋았길래 그 크레파스가 지구표였다는 것도 잊지 않고 있다.

크레용과는 달리 부드럽게 종이 위를 내려가던 크레파스. 흰녹색이 닿을까봐 아끼고 아껴서 다른 색은 몽땅해져도 흰녹색은 여전히 큰 키를 가지고 있었다.

얼마 전 너덜너덜해진 폰 케이스를 바꿨다. 많은 폰 케이스를 뒤적이다가 흰녹색이 눈에 들어와서 얼른 취했다. 폰 기종과 맞아야 한다는데 아주 잠깐이지만 일치하기를 바랐고 다행이 크기가 같아 내 손안에 흰녹색 케이스가 쥐어졌다. 참 별것 아닐 수도 있는데 기분이 좋다. 폰을 꺼낼 때마다 생각지도 못한 보너스를 받은 듯하다.

종종 사물이 각기 다른 색을 가지고 있음이 기적 같기도 하고 축복이기도 하여 감사하다. 폰을 꺼낼 때마다 흰녹색 열 장을 모으면 또 한 번의 보너스를 받을 수 있는 쿠폰이 하나씩 생기는 것 같아서 괜히 푸근해진다.

아무것도 아닌 이쁜 색깔을 보면 기분이 좋아지는 것은 당연하지만 유독 흰녹색을 보면 통통 튀는 작은 행복감이 드는 것은 언제부터였을까?

오래전 지구표 크레파스 덕분이라고 생각했었는데 지난겨울에 흰녹색이 주는 평화로움이 엄마가 준 선물이란 것을 우연히 알게 되었다.

겨울밤 편하고 따뜻한 잠옷을 생각하다가 엄마의 유품 중에 뉴똥 겹속바지가 생각났다. 엄마의 유품을 정리하던 언니가 '넌 유난히 추위를 많이 타니까 엄마 뉴똥 속바지 챙기라'고 해서 내가 가지고 온 것이 생각나서 농을 뒤졌다.

엄마는 뉴똥이란 천이 가벼우면서도 따뜻해서 좋아했고 나는 색감과 질감이 부드럽고 음양의 짜임으로 만든 무늬들도 정교해서 뉴똥천을 좋아했다.

어깨까지 달아서 원피스처럼 만든 속바지와 솔방울 무늬에 마음이 빼앗겼던 속바지가 나왔다.

기억난다. 남자 한복바지가 더 풍성하고 따뜻하다면서 방이 꽉 차도록 큰바지를 재단하던 엄마 모습이 생생하다. 어깨까지 따뜻하게 한다고 조끼 모양으로 재단한 것을 붙였다. 가장 기억에 남는 건 화장실 갈 때 불편하지 않게 큰사폭에 단추를 달아서 열 수 있게 만들던 엄마가 생각난다. 보온 목적으로 겹으로 지은 속바지 안감 색깔마저 흰녹색이었다.

그리고 솔방울 무늬가 또렷한 인디언 핑크색 속바지는 허리에 고무줄을 넣어 만들었는데 바짓가랑이를 뒤집어보니 그 또한 흰녹색으로 염색한 명주 안감이었다. 명주의 누리끼리한 색이 마음에 들지 않는다고 염료를 사다가 염색을 한 후 마당 빨랫줄에 늘어놓던 엄마를 생각하며 겨울 내내 뉴똥 속바지를 잠옷으로 잘 입었다.

큰아이를 낳고 한 달쯤 되었을 때 엄마는 부피 큰 보따리를 들고 오셨다. 포대기는 원래 친정 엄마가 사주는 것이라면서 매듭을 푸는 보따리 속에서 어린 날 아끼고 아끼던 지구표 크레파스의 흰녹색 덩어리가 나왔다.

'엄마 내가 이 색 좋아하는 줄 어찌 알았지!'

'내가 그 색 고른다고 국제 시장을 뺑뺑 얼마나 많이 돌았는데'

화가였던 둘째 시누이가 '어디서 이렇게 이쁜색 포대기를 구했냐'고 물을 땐 '울엄마가예'라며 괜히 으쓱하기까지 했다.

언젠가 남편은 포대기 두른 여자 중에 내가 제일 폼이 좋다고 했다. 아이를 업고 포대기를 두르면 누구나 똑같은 폼인데 나라고 별수 있었겠는가? 대부분이 어두운 색의 포대기와는 달리 환한 느낌을 주는 흰녹색 덕분에 내가 구질구질하게 보이지 않았을 것이다.

아이를 업고 키우는 동안에 흰녹색 포대기는 나의 외투이면서 훌륭한 나들이옷이었다. 엄마 덕분에 추위를 막아주는 흰녹색 포대기 안에서 두 아들들도 건강하게 자랐다. 그러고 보니 흰녹색을 좋아하는 엄마의 영향으로 그 이쁜색이 내 안에 들어왔던 것인가 보다. 엄마는 그 흰녹색을 비취색이라고 했던 것 같기도 하다.

지금 엄마에게 인디언 핑크 천조각을 보이면서 무슨 색이냐고 물으면 어떻게 말할지 궁금하다. 살다보니 엄마가 일러주던 수박색 녹두색 호박색 가지색 팥죽색 등등의 이름이 참 정확하다는 생각이 든다. 그 촌스런 색깔 이름 덕분에 주위를 호기심으로 바라보면서 자연과 가까워지고 때로는 사물을 인식할 때 자연 속에서 연상하는 습관을 가지게 되었는지도 모르겠다.

그뿐인가? 결코 엄마처럼 하지 않을 것이라던 서너 개, 대여섯 개를 자연스레 쓰는 나를 보면서 슬며시 웃는다. 어쩜 서너 개, 대여섯 개의

아리송한 숫자에 대한 고민이 융통성을 만들어준 것은 아닐까 하는 억지도 부려본다.

　여름이면 마루의 쪽문을 열고 싱가라는 이름의 재봉틀을 발로 밟으면서 두 손으로 요리조리 반짝이는 조각천을 이어서 기하학적인 무늬로 베개 모서리를 만들던 엄마를 흥미롭게 바라보던 꼬맹이 딸의 오래전 모습이 한 장의 사진이 된다.

마음의 거리

사람의 마음은 어디까지 전해질까? 텔레파시, 지성이면 감천, 꿈, 그런 것들이 마음이 멀리 간다고 대변해준다. 거리를 측정할 수 없는 이승과 저승의 거리에도 마음이 전해질까?

물이 귀하던 시절에 우리 집에는 언제나 퐁퐁 샘솟는 우물이 있어 물 걱정은 하지 않고 살았다. 산동네 아낙들은 물동이를 이고 우리 동네까지 물을 구하러 왔다. 이웃에 우물이 두 곳 더 있었지만 한 집은 늘 철대문이 굳게 닫혀 있었다. 옆집에 사는 나조차도 그 집에 누가 사는지를 잘 모를 정도로 인기척도 없이 조용한 집이었다. 또 다른 우물은 물이 금방 말라버렸고 그나마 한 울타리에 여러 집이 함께 있어 다른 사람들과 나눌 여유도 없었다.

그러다 보니 늘 우리 집은 물을 찾는 사람들이 끊이지 않았다. 그 시절엔 좀도둑도 많고 걸인도 많아 대문을 활짝 열어 놓는 집이 거의 없었지만 우리 집은 우리들이 학교를 가면서 대문이 열리면 종일 대문을 잠그지 않았다. 많은 사람들이 물을 퍼올리니 두레박이 견디기 힘들어서 두레박만 가지고 오면 언제라도 마음껏 물을 길러 가라고 하셨다. 엄마가 집을 떠날 때(아버지 공사현장으로 갈 때)도 해가 있는 동안에는 대문을 닫지 말라고 단단히 일러놓고 가셨다.

엄마가 돌아가신 후 언니랑 이런저런 추억을 나누다가 엄마는 언제부터 대문을 활짝 열고 물을 나누었냐고 물었다.

내가 태어나기도 전부터였단다.

"왜?"

"어떤 점쟁이가 당신 시어머니가 구천에서 물을 구하기 위해 무지 고생한다고 했단다."

그날 이후로 대문을 열고 사람들에게 물을 나누기 시작했단다. 이 땅에서 많은 사람들에게 물을 나누면 시어머니도 구천에서 물을 쉽게 구할 수 있을 것이라고 엄마는 생각했던 것 같다. 참 울엄마답다라고 생각했다.

내가 어렸을 때 우연히 우리 집 마루에 모인 엄마 친구들의 이야기를 듣게 되었다. 엄마가 단명하는 사주여서 마흔을 넘기기 어렵다고 했단다. 내가 10살 되는 해가 엄마는 마흔이 되는 해였다. 나는 매일 아침 눈을 뜨면 엄마가 살아 있음을 확인해야만 했다. 하루, 이틀, 한 달, 두 달, 한 해, 두 해… 그러면서 엄마는 마흔 살을 넘었고 나의 걱정은 조금씩 옅어져 갔다. 그러다가 언제인지도 모르게 잊어버리고 살았다. 그리고 환갑도 넘기고 일흔도 넘긴 어느 날이었다.

"엄마, 옛날에 엄마가 마흔 넘기기 어렵다고 해서 10살 때 내가 얼마나 졸았는지 모르지?"

"그랬냐?"

"순 엉터리 점쟁이 때문에."

"모르긴 하지만 그 뒤 다른 점쟁이가 우리 시어머니가 구천에서 며느리 명命 이어달라고 매일 기도한다더니 그래서 아직 내가 살고 있는지도 모르겠네."

"할매가 아들 홀아비 될까 봐 걱정했나 보다."

그렇게 농담을 하긴 했지만 엄마가 시어머니를 위해 여러 사람에게 물을 나누는 마음이 저승에 있는 할머니께 닿았던 것이 아닐까? 라고 나는 동화 같은 생각을 했다. 아마 그랬을 것이다. 지성이면 감천이라고.

상윤이가 담낭암 진단을 받았다. 항암과 방사선 치료를 받고 있는 상윤이에게 겉으로는 별일 없다는 듯이 담담하게 대한다. 그건 상윤이도 마찬가지다. 말하지 않아도 진심을 서로 알 수 있는 47년 지기.

나는 매일 기도한다. 그리고 내 마음을 오롯이 상윤에게로 보낸다. 이승과 저승까지도 오고 가는 마음인데 하물며 같은 하늘 아래 고성에서 용인까지야 한달음에 갈 수 있는 거리가 아닌가. 47년 우정이 57년 67년… 오래도록 마음을 느끼며 살자고 기도한다.

지천명

　　　　　　　　　　살다보면 영 아니다 싶은 두 사람이 친하게 지내는 것을 종종 본다. 나도 그런 소리를 몇 번 들은 적이 있다. 주희라는 친구는 언제나 약속 장소에 5분 전에 도착하여 정각이 되면 커피를 마시고 다시 5분을 기다렸다가 아무런 미련 없이 커피숍에서 나가버리는데 유독 내게만은 10분까지 기다리니 특별 우대라고 했다.

　매사가 분명하고 싫고 좋음을 즉시 나타내는 주희를 다른 친구들은 사귀기가 어려운데 나랑은 삐거덕거리지 않고 잘 지내는 것이 신통하다고 했다. 내가 느끼는 주희는 솔직하고 정이 많아 별 문제가 없었다.

　어느 날 주희가 내게 이해와 용서의 차이를 어떻게 생각하느냐고 물었다. 그건 like와 love의 차이 같은 것이 아니겠냐고 답했다. 솔직담백한 주희는 이해는 되지만 용납이 안되는 일들이 많다고 했고 난 이해가 되면 어느 정도 용서가 되지 않겠냐고 했다. 좀 더 깊고 넓게 이해하려고 노력하다 보면 답이 나오겠지라고 이야기를 주고받던 그때 우리는 팔팔한 주장이 넘치던 20대 초반이었다. 그때는 가치관이나 감수성이 같은 사람을 골라 이웃으로 지내도 되는 나이였다.

그러나 삶이란 그렇게 명쾌한 인간관계만 선택할 수 있게 호락호락한 것이 아니었다. 결혼의 시작은 한 남자와 시작하지만 시간이 흐르면서 다른 가족, 친척들의 비중이 점점 무거워짐을 나중에야 알게 되는 것 같다.

사람 사는 것이 대동소이할 것이라 생각했던 나는 결혼이란 친정에서 시집으로 주거지를 옮기는 것일 뿐이라고 쉽게(?) 생각했다. 그래서 솔직하고 있는 그대로 살면 될 것이라 생각한 시집살이가 조금씩 꼬여가기 시작했다. 문화가 다르고, 음식이 다르고, 바라보고 듣고 이해하는 관점이 다른 것은 살면서 맞춰 나가면 될 것이라고 생각했는데 착오였다.

진실을 이야기해도 빈 맘으로 들으려 하지 않는 벽 앞에선 진실도 빛이 바래며 무력해지기 일쑤였다. 달걀로 바위치기란 것을 실감하면서 마음은 무거워졌다.

그러나 어떻게든 내 나름대로의 답을 얻어야 했다. 여태의 내 습성으로는 이해가 되지 않지만 이해라는 틀에 맞춰보려고 했다. 오래전 이해하면 용서할 수 있을 것이라고 말했는데 도저히 이해까지도 안되는데 어떻게 답을 구해야 할까? 고민했다.

내 짧은 삶으로 나보다 훨씬 오래 살아온 시어머니를 이해한다는 것은 미숙한 수영 솜씨로, 그것도 흐르는 물을 거꾸로 올라가는 힘겨운 몸부림이었다. 그래도 나를 지탱하기 위한 뭔가를 찾아야만 했다.

품는다는 것은 큰 것이 작은 것을 안아야 하는데 내가 더 많이 가지고 있는 것이 무엇일까?

그건 시간이었다. 죽음이 순서 맞춰 온다면 다른 것은 몰라도 당신보다 많은 시간이 내게 있다는 생각을 했다. 그래 일단 접고 보자. 여기서 잠깐 접는다고 해도 다음에 할 수 있는 시간이 있지 않은가. 그렇게 추스르면서 이해하는 만큼이라도 용서할 수 있는 인간이 되길 스스로에게 최면을 걸면서 30대를 보냈다.

내 앞에 오는 것들이 행이든 불행이든 무조건 내 삶이니까 피하지 않기로 했다. 그러다가 문득 세상에는 '꼭'이라는 것이 없다는 생각이 들었다. 꼭 해야 하는 일도, 꼭 하지 않아야 하는 일도 없구나. '꼭'은 각자가 선택할 뿐인 것을. 갑자기 마음에 시원한 바람이 스쳤다.

백 사람이 흰색이라고 해도 까만색이라고 말한다면 그 사람에겐 까만색인 것을. 작은 의심이 풀어지는 듯 마음의 여유가 생겼다. 그래서일까? 까짓것, 순서부터 바꿔도 되겠다는 생각이 들었다. 용서부터 해 놓고 이해하지 뭐! 그런 배짱이 어디에 있었던가 싶다. 나이를 먹는 것이 이런 융통성이 생기는 것인가 보다. 고맙다.

단 한 번도 당신이 틀린 적이 없고 실수한 기억도 없다는 어머님. 당신은 너무나 분명하고 정확해서 다른 사람의 삶을 볼 필요도 없다고 단호하게 말하시는 어머님이 벽 같아서 답답하고 불편했는데 조금씩 담담해지더니 언뜻 연민으로 바라보는 나를 본다. 이게 불혹인가보다.

쉰을 바라보면서 지천명은 뭘까? 어떻게 다가올까? 기다려졌다. 오십이란 숫자를 깔고 앉은 어느 날 갑자기 피식 헛웃음이 나왔다. 살면서 굽이굽이마다 힘들 때마다 난 한 번도 더 나빠지지는 않을 것이라고, 언젠가는 좋아질 것이다고만 생각했을까? 문득 터무니없는 긍정이란 생각이 들었다.

"야! 더 나빠질 수도 있어. 까-불지 마"라고 하늘이 내게 말하는 것 같았다. 갑자기 부끄러웠다. 까불지 말아야겠다는 생각이 들었다.

아, 이것이 지천명인가 보다.

긍정이란 것을 뒤집어보니 자만이었다는 생각이 들었다. 삶을 너무 호락호락하게 본 것은 아닌가? 하고 돌아보면서 부끄러웠다.

그런 생각에 젖어 있던 어느 날, 아침밥을 먹다가 무심히 얼굴을 들었는데 앞에서 식사하고 있는 어머님이 눈에 들어왔다.

놀랐다. 갑자기 어머님이 조그맣고 연약한 여자아이로 보였다. '제대로 밥도 못 먹겠구나. 아이고 내 새끼 젖이라도 줘야겠다' 찰나였지만 내가 너무 놀랐다. 우리 아들들 어릴 적에도 '아이구, 내 새끼' 해 본 적이 없었다. 그렇다고 정이 철철 넘치는 고부 관계도 아니었다. 시집살이 25년에 난 담담하게 어머님은 움직이는 나무라고 생각했던 적도 있었는데 이런 상황이 당황스럽다.

뭘까? 왜일까? 아직도 그 답은 모른다. 어머니가 돌아가시고 난 후에 조금 다행이란 생각이 들었다. 내가 만약 40대에 어머니가 돌아가셨다면 좀 일찍 자유스러워졌겠지만 그런 경이로움을 만나지는 못했을 것이다. 쉰이 넘을 때까지 한집에 살지 않았더라면 그런 순간을 만날 수 있었을까? 참 많은 우여곡절 뒤에 받는 시집살이의 보상이란 생각이 든다.

시집살이를 했다고 누구나 그런 보상을 받는 건 아닐 것이다. 그건 내 삶에, 내 나이 위에 내려진 축복일 것이다.

시어머니께서도 86세까지 버티신다고 힘드셨겠만 지천명을 넘길 때까지 살아주셔서 감사하다. 그리고 지천명이란 나이에도 감사하다.

공집합

　　　　　　　　　　품는다. 엄마 냄새가 난다. 내 콧김이 다시 내게로 돌아올 만큼 엄마와 가까운 거리. 엄마가 날 껴안고 잘 때의 그림이 바로 눈앞에 펼쳐지게 하는 말이다. 안락하다.

　영희와 철수가 나오는 초등학교 1학년 국어 교과서에서 만난 그림이 떠오른다. 햇살 따스한 봄날 마당에 놀고 있는 병아리들 옆에 날갯죽지를 최대한 벌리고 몸을 넓게 만들어 알을 품고 있는 어미 닭이 있는 그림은 늘 '품는다'는 단어와 함께 떠오른다.

　품는다는 말은 늘 긴장을 풀어주고 나긋나긋한 아늑함을 준다. 햇살 내려앉은 마루에서 엄마의 허벅지를 베고 누웠을 때의 나른함 같은 느낌이다. 지금도 그 그림은 생생하다.

　품는다. 사람은 무엇을 품고 살아야 할까? 돈, 명예, 권력, 지식, 사람, 꿈, 나는 무엇을 품고 살 것인가? 무엇을 품으려면 큰 가슴부터 만들어야 할까? 아니면 큰 능력이 필요한가?

그렇다고 가진 자, 힘센 자, 배운 자, 능력자들이 생각만큼 많은 것을 품고 사는 것 같지는 않다. 오히려 그 반대일지도 모르겠다. 마음이 넓고 가슴이 따뜻하여 소박한 사람들이 더 나누고 사는 것 같으니 말이다.

그런저런 생각의 꼬리를 잡고 있다가 어느 날 괄호를 생각하게 되었다. 소괄호를 중괄호가 품고 다시 대괄호가 중괄호를 품을 때 제대로 된 방정식이 된다. 그 방정식을 풀 때는 소괄호부터 풀고 중괄호, 대괄호 순서로 풀어야 한다.

사람들 관계도 그렇게 큰 것이 작은 것을 품어주고 문제를 풀 때는 작은 것이나 부족한 부분부터 풀어간다면 삶이, 관계가 아름다울 것 같다는 생각을 해본다. 힘 있고 많이 가진 자들이 조금씩 품어주고 기다려준다면 힘없고 적게 가진 자들이 외로운 박탈감이 없이 유연하게 돌아갈 것 같다.

삶이란 것이 유식하거나 심오하지 않아도 초등학교 산수 문제를 풀 때의 단순함과 소박함만 있어도 아름다운 관계를 만들 수 있겠다는 생각을 해 본다. 그 끝에서 공집합 기호를 만났다. ∅ 또는 { }

중괄호가 아무것도 품지 않으면 공집합이 된다. 소괄호도 있고 대괄호도 있는데 왜 중괄호일까? 모자라지도 않고 넘치지도 않는 중용의 의미일까? 사람의 능력이나 마음의 크기 혹은 재물의 많고 적음이 중간이란 말일까? 그건 어떤 잣대로 측정한단 말인가? 나는 어디쯤 속할까?

어릴 때 듣고 자란 아버지의 말씀이 생각났다.

"사람이 위를 보면 까마득한 것 같아도 너보다 아래에도 많은 사람들이 있으니 너무 안달하지 말고 아래를 보고 손해 보는 듯이 살아라."

동생은 아래를 보고 살아라는 아버지 마인드 때문에 우리가 부유하게 못 사는 것 아니냐고 반론을 펴기도 했다. 하지만 아버지 말을 다시 새겨보면 모든 사람들이 중괄호라는 생각이 든다. 어떤 면에는 대괄호라고 할지라도 다른 면은 소괄호이기도 하고 어떤 사람은 물질에서는 소괄호라 할지라도 마음은 대괄호이기도 하니 이것저것 더하기와 빼기를 해보면 모든 사람은 모두 중괄호인 것을.

있으면 있는 대로 없으면 없는 대로 품고자 하는 마음만 있다면 중괄호 안을 텅 비워두지 않을 수 있겠다. 나보다 좀 부족한 사람을 품어주고 나도 때로는 나보다 큰 사람에게 안기면 두루두루 살 만한 세상이 되지 않을까. 조금 떨어져서 나와 남을 바라본다면 보통 사람들이 품을 수 있는 것이 보일 것이다. 그리고 세상엔 보통 사람의 숫자가 많다는 것이 얼마나 희망적인가 싶다.

다시 한번 때 묻지 않은 초등학교 산수 시간으로 돌아가서 소괄호는 중괄호가 품고 다시 대괄호는 소괄호와 중괄호를 품어주고, 문제를 풀 때는 소괄호를 중괄호가 기다려주고 중괄호를 다시 대괄호가 기다려주는 넉넉한 인간관계를 만들면 사람 냄새나는 좋은 세상이 될 것 같다.

대부분이 보통 사람인 우리들이 중괄호 안에 사람을 품어 공집합이 아닌 따뜻하고 아름다운 공존의 관계를 유지하는 삶이 되면 좋겠다.

part 4
영우도 影友島

회초리

어릴 적 우리 집 큰방 문턱 위에는 매끈하게 잘 다듬어진 회초리가 있었다. 야단을 맞을 때면 우리 형제들은 나란히 꿇어앉고 엄마는 조분조분 우리들의 잘못을 나열한다.

한참 엄마 말을 듣다 보면 잘한 사람이 한 명도 없다. 형은 형으로서, 누나는 누나로서, 동생은 동생으로서 싸움의 어느 한 부분에 걸리는 것이다. 묘하게 꼬였다 싶으면서도 잘못했다고 대답하게 되고 엄마의 판결에 따라 종아리를 내어주고 엄마가 내린 각각 다른 숫자만큼씩 회초리를 맞았다.

상상만큼 아픈 회초리는 아니었다. 꿇어앉아 엄마의 설명을 듣고 종아리를 내놓을 때까지의 긴장감이면 체벌의 반쯤을 받았다고 생각했는지 종아리가 따끔할 정도의 체벌이었다. 엄마는 짧은 시간이나마 우리에게 생각하는 틈을 주고자 했던 것 같다.

나란히 앉은 동생에게 먼저 종아리를 걷으라고 했다. 언제나 체벌은 아랫사람부터 주는 것이 엄마의 원칙이었다. 동생이 엄마 앞으로 나가 종아리를 내어놓나 싶더니 갑자기 회초리를 휙 낚아채며 '씨이 안 맞을란다'라며 무릎 위에서 회초리를 두 동강이로 만들어버렸다.

큰일 났다 싶었다. '아직 어린 녀석이 이렇듯 반항하니 큰소리와 함께 엄마 손이 동생을 때리겠지. 어쩌나.' 나는 굳어 있었다. 그런데 나의 상상과는 달리 엄마는 낮은 소리로 방에 가만히 있으라고 말하고 나가셨다. 나는 가만히 꿇어앉아 있고 동생은 씩씩대며 서성거렸다.

잠시 후 엄마가 들어오는데 왼손에는 나뭇가지를 오른손엔 무쇠 부엌칼이 들려 있었다. 위압적이었다. 잠깐 공포스럽기까지 했다. 뭔가 심상치 않다고 느꼈는지 동생도 얼른 내 옆에 꿇어앉았다.

"나뭇가지에 옹이나 가시가 있으면 너희 종아리에서 피가 날 수도 있으니 잘 다듬어야지."

평소보다 더 낮은 목소리였다. 앞에 앉은 우리를 쳐다보지도 않고 태연히 무식하게 생긴 칼로 나뭇가지를 다듬어 회초리로 만들었다. 한참 후 회초리를 손으로 쓰윽 만지며 확인을 하고 칼은 엄마 등 뒤로 감추고서야 우리들을 바라보았다. 아니 동생과 눈을 맞추었다.

"잘 했나? 잘못했나?"

저 회초리마저 동생이 빼앗아 꺾으면 어쩌나 나는 걱정이었다.

"잘못했습니다."

기세등등하던 동생이 순식간에 꼬리를 내렸다. 신기했다. 그때 알았다. 큰소리보다 낮은 목소리가 더 위력적일 수도 있다는 것과 생각할 수 있는 시간이 체벌보다 훨씬 효과적일 수 있다는 것을.

무엇 때문인지는 모르겠지만 엄마의 목소리가 다른 때와 달리 높았고 내가 예상한 숫자보다 훨씬 많은 회초리를 때리겠다고 하셨다. 뿐만 아니라 회초리의 강도가 이전과는 다르게 세다. 눈을 질끈 감고 종아리에 힘을 꽉 주고 하나, 둘, 셋 소리 없이 회초리 숫자를 세고 있었다.

"도망가라. 도망가라니까."

엄마의 큰소리에 눈을 떴다. 그리고 엉거주춤 그대로 서 있었다.

"도망가라 소리 못 들었나."

"아직 남았는데…."

"보통 때보다 숫자가 많다고 생각 안 하나?"

"많다 싶었지만 그래도 엄마하고 한 약속인데 도중에 도망가면 안 될 것 같아서…."

"아니다 싶으면 몇 대 맞다가 도망가도 된다. 아이고 맹꽁이 같은 년."

회초리를 방문 위에 얹고 나가시는 엄마의 뒷모습을 보면서 무엇인지는 모르겠지만 나와는 상관없는 엄마의 감정이 실린 체벌이었고 곧 후회하며 체벌을 중단했다는 것이 느껴졌다.

엄마의 후회를 보면서 어른도 실수를 하는구나 생각했다.

아버지의 회초리는 엄마의 그것과는 사뭇 달랐다. 어느 저녁 아버지의 뒤를 따라 아랫방으로 들어가는 언니와 오빠의 분위기가 심상찮았다. 여태껏 아버지의 체벌을 본 적이 없었기에 궁금해서 아랫방을 지켜보았다.

조금 뒤에 방에서 나온 언니와 오빠는 각자의 회초리를 찾아들고 다시 방으로 들어갔다. 귀 기울였지만 너무 조용조용 야단을 맞아서 결과가 어찌 되었는지 알 수가 없었다. 내가 아는 것은 오빠는 비닐우산 대를 언니는 비닐우산 살대를 들고 들어갔다는 것이었다. 회초리의 굵기가 다른데 어찌 처리할까? 궁금했지만 물어보지 못했다.

아버지로부터 체벌을 받아본 적이 없는 나는 늘 그것이 궁금했고 부모님이 떠나신 후 언니와 어릴 적 추억을 이야기하다가 아버지의 체벌에 대해 물어봤다.

아버지는 자기 회초리를 가지고 오라고 해서 회초리 구하는 것이 늘 고민이었다고 했다. 회초리가 굵다 가늘다 말하지 않았느냐고 물었더니 그런 일은 없었다고 했다. 굵기에 따라 숫자를 달리했을까?

언젠가 아직 오빠는 학교에 다니기 전에 숙제를 하고 있는 언니의 책을 오빠랑 밀고 당기다가 한 귀퉁이가 찢어졌고 언니는 아버지께 그 상황을 일렀단다. 오빠가 아버지께 불려들어가 세 대의 체벌이 내려질 때 후련했단다. 그것도 잠시 오빠가 나오자 언니가 불려들어갔고 아버지는 철없는 동생 잘못보다 고자질하는 누나의 잘못이 더 크다며 언니는 다섯 대를 맞으면서 좀전에 통쾌했던 마음을 후회했단다. 언니는 동생과 싸워봤자 득보다 실이 더 크다는 것을 알았다고 한다. 그리고 아버지의 체벌은 그날로 끝이었단다.

여든이 넘은 고모가 간혹 오빠를 추억하며 들려주는 아버지의 체벌은 들을 때마다 웃음바다를 만든다. 맏이인 언니에겐 큰언니 같았던 고모는 결혼 전까지 함께 살았고 아버지는 고모에게 오빠라기보다는 아버지 같은 존재였다.

어느 날 고모는 어버지께 야단맞을 일이 생겼고 아버지는 여느 때처럼 고모에게 회초리를 구해오라고 하셨단다. 씩씩거리며 마당으로 나온 고모는 눈에 제일 먼저 띄는 굵은 아카시아 나뭇가지를 들고 들어갔단다.

"수야(고모 이름), 이 몽둥이로 내가 너를 때리면 죽겠나? 살겠나?"

우린 이미 아는 이야기지만 또 한바탕 웃는다.

"그땐 몽둥이 덕분에 맞지 않고 지나갔다고 좋아했지. 참 철도 없었제."

우리도 고모와 함께 선비 같았던 아버지를 그리워한다.

살면서 이럴 때는 엄마의 투박한 손으로 한 대 맞았으면 좋겠다 싶은 순간이 있다. 간혹 그리워진다. 어떤 때는 몹시 그리워질 때도 있다. 이유 없이 칭얼거리며 엄마 뒤꽁무니를 따라다니는 날이 있다. 엄마가 부엌에 가면 부엌문 앞에서 콧소리를 내며 칭얼거린다.

"어디가 근질근질하거나 찌부덩하구나."

부엌에서 나와 마루로 가는 엄마 뒤를 따라가며 콧소리로 '엄마 엄마' 부르며 그림자처럼 따라간다.

"그럴 땐 맞으면 낫는다. 이리 와라. 내가 가려운 데 긁어줄게."

엄마는 손으로 허벅지를 때린다. 아니 때린다기보다는 좀 세게 건드린다. 이때다 싶어 징징거림에서 울음으로 넘어간다.

"소리가 작다. 크게 울어라."

특별한 이유도 없는데 크게 울라고 하는데 정말 소리를 높여야 하나 말아야 하나 머리를 굴릴 때쯤이면 이번에는 좀 더 세게 허벅지를 내리친다.

"더 크게. 더 크게."

이번에는 진짜 따끔하니 아프다. 여기서 목청껏 울지 않으면 더 아프게 때릴 것 같다. 에라 모르겠다. 힘껏 소리 높여 울어보자. 운다기보다 목청껏 고함을 지른다.

"됐다. 한 판 울고 나면 개운할꺼다."

뒤도 돌아보지 않고 엄마는 마당으로 내려가고 곧 싱거워서 울음을 그친다. 그런데 묘하게 몸도 마음도 가볍다. 고함 한 번 크게 질렀을 뿐인데 엄마 말처럼 개운해진다.

"맞고도 시원해지는 걸 엄마는 어찌 알았을꼬? 진짜 개운했제?"

언니와 이구동성으로 그 손바닥 체벌의 시원함을 이야기한다. 아이들도 이유 없이 짜증나는 순간이 있다는 걸 알아차리고 풀어주던 엄마의 현명함이 그립다.

덥다. 정말 덥다. 아침 햇살이 퍼지기 전부터 덥다. 마음은 더 덥다. 그러다가 서늘해진다. 엄마의 투박한 손바닥으로 한 대만 때려주면 바로 큰 소리로 울고 싶다.

100년 만의 더위라는 올여름 삼복더위에 나를 더욱 덥게 만드는 일들이 줄을 짓는다. 동기 2명이 하늘로 가고 47년 지기 친구는 담낭암 판정을 받았다. '약국도 접고 네게 가서 한 달씩 있을 거야'라는 상윤이의 말이 화약이 되어 이 여름이 더 뜨겁다. 우선 4박 5일 함께하기로 했는데 어떻게 눈을 맞추어야 하나 갈피를 못 잡고 있는데 이번엔 뒤통수를 때리는 원희의 전화를 받았다.

현준이 아버지가 항해 중에 쓰러져서 혼수상태라고 말하는 원희의 목소리가 떨린다. 하필이면 아프리카를 돌고 있어 병원이 있는 곳까지 며칠을 가야 한단다. 응급조치만으로 마다가스카르까지 가는 시간은 왜 그리 더딘지.

지난 5월에 두 아들 내외랑 손주들까지 우리 집 마당에서 북적였는데…. 꿈이었나? 믿고 싶지가 않다. 내가 할 수 있는 일이란 것이 고작 '현준 아빠 죽을힘을 다해 버텨주세요'라고 기도할 뿐. 이럴 때 누군가가 엄마처럼 나의 더운 마음을 개운하게 해주면 좋겠다. 엄마 말처럼 한 판 울고 나면 개운해지는 일이라면 얼마나 좋을까.

내일은 부산에 가야겠다. 상윤이보다 더 촉박한 상황에 처한 원희부터 보고 와야겠다. 나보다 몇십 배 더 울고 싶을 원희랑 하루 자고 와야겠다.

약고추장

며칠 집을 비워야 할 일이 생겼다. 참기름을 넉넉하게 두르고 소고기와 마늘을 볶다가 고추장을 듬뿍 넣고 다시 볶는다. 마지막으로 물엿을 조금 넣고 마저 볶다가 마무리를 한다.

원이는 고추장만 있으면 몇 날 며칠을 잘 견딘다. 약고추장이 아니어도 잘 먹으니 그냥 가도 된다고 말해주는 아들이 고맙다. 난 울엄마를 생각하며 고추장을 볶아 놓고 간다. 약고추장을 만들 때마다 고2 수학여행 마지막 날이 생각난다.

속리산을 거쳐 서울에선 자유시간이 주어졌고 기차를 타기 직전에 서울역 광장에 집합하기로 되어 있었다. 난 서울예고를 다니고 있던 중학교 동창인 영귀를 만나 시간을 보내다가 서울역으로 갔다. 마지막 인원 점검을 위해 각 반별로 줄지어 앉아 있었다.

"이것 주인이 누구냐?"

다른 반 담임 선생님께서 노란 알미늄 도시락을 높이 흔들고 있었다. 무심코 바라보니 내 도시락이었다. '칠칠치 못하게'라는 시선들 사이로 황망하게 나가 얼른 도시락을 받아왔다.

수학여행을 떠나는 날 새벽부터 엄마는 참기름 냄새를 풍기며 뭔가를 부지런히 만드시더니 '옆으로 기울어지지 않게 가방 아래 넣어라'며 보자기에 싼 도시락을 주었다. 여관밥 반찬이 신통찮을 테니 이것 친구들이랑 나눠 먹으라고 했다.

속리산에 도착하여 저녁을 먹을 때 열어 본 도시락에는 고추장이 들어 있었다. 고소한 참기름 냄새에 친구들의 젓가락이 모여들었다. 고추장에 뭔가 씹힌다. 아니 이 귀한 소고기까지. 그 시절엔 생일, 제사, 명절 그리고 귀한 손님이 와야 먹는 소고기를 여행길에 넣다니. 특별대우였다. 여행 마지막 날 아침엔 아껴먹던 고추장을 다 비워야겠기에 우리 식탁에서 옆 식탁으로 전해졌고 또 옆으로… 다른 반 아이들 식탁에까지 갔나보다. 전달, 전달되었으니 다른 반 아이들은 주인이 누군지도 몰라서 그렇게 공개적으로 서울역 광장에서 내게로 돌아왔다. 내가 먹어본 고추장 중에 최고였고 나는 아무리 해도 엄마가 해준 약고추장 같은 맛이 나지 않는다.

까마득히 잊고 있었던 약고추장을 아들을 위해 만들다가 의문이 생겼다. 엄마는 왜 유독 나만 수학여행 때 특별히 약고추장을 만들어줬을까? 가만 생각해보니 짐작되는 일이 있었다. 중학교 2학년 수학여행 기간이었다. 여행을 못 가는 – 나는 안 가는이었지만 – 아이들을 모아 학교에서 자율학습을 시켰다. 오전만 자율학습을 하고 돌아갔다.

"토요일도 아닌데 일찍 오냐?"

그때야 다른 아이들은 수학여행을 갔고 나는 별로 가고 싶지 않아 내 마음대로 결정했다고 했다. 여행보다는 엄마의 어깨를 가볍게 해주는 것이 나을 것 같아서 혼자 결정해버렸다.

"왜 간다고 말을 하지."

"고등학교 때 가면 되지 뭐."

엄마는 더 이상 말하지 않았다. 아니 말해도 소용없는 일이었다. 그리고 3년이 지나 고등학교 수학여행을 가게 되었고 난 잊고 있었는데 엄마는 중학교 수학여행을 안 간 나를 늘 마음에 두고 있었나 보다.

그리고 고등학교 때 무엇이라도 보상해 주고파서 소고기 듬뿍 넣은 약고추장을 만들어줬다는 사실을 너무 늦게 알아차렸다. 엄마 살아계실 때 알아차렸더라면 고맙다고 인사라도 했을텐데.

'괜찮다. 너도 부모가 되면 알 수 있고 네 아들에게 해주면 되지'라고 엄마는 말했을 것이다.

유머가 많은 엄마였지만 때로는 말을 아끼고 모르는 척, 무심한 척 넘겨주던 엄마. 그래도 잊지 않고 있다가 지나가는 바람처럼 쓰다듬어주던 엄마가 보고 싶다.

엄마, 나도 엄마를 닮고 싶습니다. 그리고 고마웠습니다. 사랑합니다.

Soul food

　　　　　　　　　　　시간을 거슬러 되돌아갈 수 있는 타임 머신을 탈 수 있는 기회가 주어진다면 초등학교 추운 겨울날로 돌아가고 싶다.

　그렇다고 내가 겨울을 좋아하는 것은 아니다. 오히려 추위를 많이 타는 나는 겨울이 시작되자마자 봄을 기다린다. 겨울은 추워서 싫고 낮도 짧아서 싫어한다. 그래서 나는 낮이 길어지기 시작하는 동지를 좋아한다. 동지가 지나도 수은주가 올라가는 봄이 오려면 또 한참을 기다려야 하기에 겨울을 시작하면서부터 봄은 언제나 오려나 기다리다가 2월쯤으로 들어서면 겨울이란 새장에 갇힌 느낌마저 들어 슬그머니 짜증이 올라오기 시작했다.

　그런데 이번 겨울은 사뭇 다르다. 무척 춥고 긴 겨울이 지겹지도 불편하지도 않다. 오히려 뒤꿈치를 들고 사뿐사뿐 걷는 아이처럼 즐겁다. 유난히도 긴 추위가 내가 돌아가서 만나고픈 어린 날의 추위와 닮았다는 생각이 타임 머신이 될 줄이야! 난 60여 년 전의 겨울 속에 빠져서 행복하다. 참 묘하다.

    아스팔트가 귀하던 60년대 초반에 부산시장 사택(사택이라기보다는 저택이었고 4·19혁명 때 불탄 후 개인 집이 되었다)이 우리 집 앞에 들어서면서 2차선 정도의 흙길에 아스팔트가 깔리면서 아이들로 북적이기 시작했다.
    우리 동네 아이들은 말할 것도 없고 다른 동네 남자아이들까지도 원정을 왔다. 놀이는 낮뿐만 아니라 밤까지 이어지기도 했다. 그건 부자들을 이웃사촌으로 뒀기 때문이다.
    우리 집을 비롯해서 옹망졸망 모여 있는 본토박이보다 뒤에 들어온 사람들은 60년대에도 자가용을 굴리는 알 만한 회사 사장들이 아스팔트 양쪽에 줄지어 있었다. 흐릿한 30촉 60촉 전구로 어둠을 겨우 밀어내고 하루에도 몇 번씩 정전이 되는 시절이었지만 양쪽으로 늘어선 양옥집 문앞에는 밤늦도록 외등이 켜져 있었다. 내 동생은 상대적 빈곤감이 느껴져서 싫었다고 하는데 난 그들이 만들어준 환경을 잘 빌려 쓴 기억들이 많다.
    여름이면 나무 판자에 바퀴를 달아서(요즘의 보드처럼) 자르륵 자르륵 소나기 내리는 소리를 내며 달렸고 겨울이면 경사진 아스팔트에 큰 얼음 덩어리를 밀고 다니는 봅슬레이 경기장이 되기도 했다. 그 큰 얼음덩이는 추위에 옹기 물드무를 깨고 태어나지만 아까워하는 엄마들과는 달리 아이들에겐 추위가 주는 선물이었다. 대티 고개에서 우리 집까지 적당한 경사길에 걸림 없는 아스팔트를 얼음을 타고 내려오는 속도감에 취하여 얼음덩이를 다시 밀며 경사진 길을 오르는 걸 마다하지 않았다. 손발이 시린 건 나중의 문제였다.

우리 집 옆으로 흐르는 도랑물이 얼면 오빠가 만든 굵은 철사를 나무 밑에 붙인 썰매에 꿇어앉아 긴 못을 박은 막대기 두 개로 얼음을 찍어가면서 달렸다.

겨울엔 촌팽이가 제격이라는 오빠를 따라 팽이채에 물을 묻혀가며 착착 감기게 팽이를 쳤다. 손등이 트고 동상으로 가려운 발가락에 밤마다 엄마는 가을에 받아둔 수세미물을 발라주곤 하셨다. 겨울밤이 깊어가면 엄마는 아궁이에 다시 한 번 군불을 지피고 빨갛게 타고 있는 숯을 부삽에 담아와서 놋쇠 화로에 넣으셨다. 그리고 커다란 군용담요로 방문을 가리면 문풍지 사이로 들어오던 찬바람이 끊어지면서 방안은 아늑하고 따스해진다. 그 군용담요는 학교 영사실에서 본 암막 커튼 같아서 잠을 자면 영화 같은 꿈을 꿀 수 있을 것 같았다.

우린 서로 엄마 옆자리를 탐내며 나란히 누워 꿈속으로 들어갈 준비를 했다. 아스라이 가마솥 뚜껑이 열리는 쇳소리가 나고 쪼르르 가마솥으로 떨어지는 물소리가 또랑또랑 경쾌하게 들린다. 꿈인가?

얼굴을 스치는 한 줄기 찬바람에 살며시 눈을 뜬다. 엄마가 군용담요를 밀치고 들어온다. 엄마 치맛자락을 잡고 온 차가운 새벽 공기에 꿈이 아님을 알고 다시 눈을 감는다.

머리맡에 앉은 엄마는 낮고 작은 목소리로 천수경을 읽으신다. 잠결에 들렸다가 끊어지고 끊어졌다가 다시 이어지는 독경 소리.

"사라사라 시리시리 소로소로 못자못자…."

우리말이 아닌 무슨 주문 같은 소리가 들릴 때쯤이면 내 등짝이 따스해진다. 새벽녘에 엄마가 다시 넣은 군불로 식어가던 구들장이 다시 따끈해지기 시작한다. 엄마의 주문을 알아들을 수는 없지만 우리들을 위한 기도일 것이란 생각으로 합장한 엄마 두 손에 나를 맡기면 순식간에 안도감과 푸근함으로 나른해진다. 엄마 독경 소리가 자장가처럼 들리면 요람 속의 아이처럼 다시 달콤한 잠 속으로 빨려 들어갈 때 느껴지던 평화로움과 포만감을 잊지 못한다.

타임머신을 타고서라도 다시 한번 만나고 싶은 최고의 순간이었다.

"학교 가야지. 그만 일어나라."

그 따끈한 구들장에 더 누워 있고 싶어 미적거린다.

"어서 일어나라. 벌써 해가 하늘 똥구멍 찔렀다. 지각해도 난 모른다."

마지못해 눈 비비며 마루에 나서면 뜨거운 물과 세숫대야가 기다린다.

"춥다고 고양이 세수하지 말고 뽀득뽀득 씻고."

부엌에서 흘러나오는 엄마 말이 끝나기도 전에 후다닥 세수를 끝낸다. 밥상이 들어온다. 식기 전에 얼른 먹으라는 말만 남기고 엄마는 급하게 부엌으로 가신다.

　추운 날씨에 따뜻한 음식을 먹이려는 분주한 엄마의 움직임이 선하다. 적당히 노릇노릇하게 눌은 누룽지 위에 쌀뜨물을 넣고 아궁이에 나무 하나 더 넣고 불기를 피해 한쪽 다리를 부뚜막에 올리고 긴 나무주걱으로 가마솥 바닥의 누룽지를 으깨는 모습이 마치 뱃사공이 노를 젓는 것처럼 뜨물을 헤치고 계실 것이다.

　누룽지는 형체도 없고 쌀뜨물은 뽀얗고 걸쭉한 숭늉으로 변한다. 커다란 양푼이에 숭늉을 찰랑찰랑 담고 작은 양은그릇을 나뭇잎 배처럼 띄워서 들어오신다. 구수한 숭늉 냄새가 엄마보다 먼저 들어온다.

　방문을 나서는 순서대로 뜨끈한 숭늉을 먹인다. 그 숭늉은 목구멍을 넘어가면 바로 피가 되고 살이 될 것 같다. 한번도 먹어본 적이 없는 우유죽이 이보다 더 맛있을까 싶다.

　넌 특히 작고 **빼빼**하니까 더 많이 먹어야 한다면서 나를 가로막던 엄마가 이 추운 겨울에 더 선명하게 생각난다. 아침이면 주전자에 뜨거운 물로 수도꼭지를 녹이시던 엄마도 강추위 덕분에 자주 만난다.

　전기밥솥을 마다하고 가스불 위에 압력솥으로 밥을 짓는다. 칙칙 추가 돌아가는 소리가 나면 지켜서서 밥이 조금 눌을 때까지 기다린다. 받아둔 쌀뜨물을 넣고 주걱으로 밀면서 끓인다. 구수한 냄새가 나면서 뽀얀 숭늉이 된다. 가마솥에 누룽지로 만든 엄마의 숭늉만큼은 아니지만 어린 시절을 만날 수 있을 정도는 된다.

숭늉이 맛있다고 한 그릇 더 달라는 남편을 보면서 엄마 흉내 내기에 반쯤은 성공했다는 생각이 든다. 목을 넘어가는 구수한 숭늉 덕분에 마음까지 따뜻하다. 영혼까지도 살찌워 주던 걸쭉한 쌀뜨물 숭늉으로 마음이 평화로운 겨울 아침이다.

손편지

카톡 카톡 카톡. 누군가 쫓아오기나 하는 듯이 숨차게 문자가 들어온다.

....
....
- 언니 엄마가 보고 싶다
- 왜 나는 엄마 생각이 나면 언니한테 넋두리를 하는지
....
....
- 언니 답장 안 줘도 된다
....

짧은 문장들이 연방 카톡 소리를 내며 자꾸 들어온다. 두서없는 말들을 들어오는 순서대로 읽으면서 참고 참다가 내뱉지 않으면 터지기

일보 직전까지 왔을 후배의 얼굴을 떠올려본다.

후배의 부탁(?)대로 나는 문자를 읽지만 결코 자판을 두드리지는 않는다. 이럴 땐 실컷 말할 수 있게 기다려줘야 한다는 걸 안다. 섣부른 위로가 맥을 끊어버릴 수도 있기에 그냥 읽으면서 후배의 등을 마음으로 토닥거려 줄 수밖에.

반듯해서 편법과 타협하지 못하고 짐인 줄 알면서도 기꺼이 짊어지고도 웃는 얼굴로 편안한 아내, 넉넉한 엄마, 좋은 딸 노릇하느라고 지친 후배는 과부하가 걸릴 때면 자신을 잠깐이나마 무장해제하는 방법으로 간혹 숨넘어가는 카톡 문자를 보내오곤 한다.

한바탕 뱉고 나면 답을 얻을 것이고, 아니 넋두리하기 전부터 이미 답은 나와 있음을 후배도 나도 안다. 그리고 그 순간이 지나면 지난밤 꿈 이야기 아니었냐는 듯이 담담한 얼굴로 평상시처럼 열심히 움직일 것이다.

또다시 밀려올 일상의 노곤함을 받아줄 여백을 만들기 위해 내려놓는 작업을 하는 것인데 누군가가 들어 줄 대상이 있음이 위로가 되기에 나는 그냥 말없이 들어주기만 하면 된다. 그리고 한 이틀 뒤쯤에 전화해서 그냥 소소한 이야기를 메아리로 돌려주면 된다. 그렇게 자신을 비우고 다스리며 살아가는 후배가 귀하고 고맙다.

서울에서 판매행사가 있어 상윤이네 집에 며칠 머물렀다. 차 한 잔 마시다가 내게 보여줄 것이 있다면서 방으로 들어가더니 다이어리 한 권을 들고 나온다. 며칠 전 정리를 하다가 갈피에서 내가 보낸 손편지를 다시 읽었다면서 건네준다.

2012년 10월 10일이니 꽉 찬 4년 전의 편지였다. 상윤이는 그 편지를 읽고 내가 걱정이 되어 나를 불렀고 나도 일어서야 했기에 한동안 매달 서울나들이를 했었다. 휘적휘적 적어 보낸 손편지를 읽으면서 '그래, 그땐 그랬었지'라며 내 폰에 사진으로 담아두었다.

판매도 판매지만 그 판매행사를 빌미로 친구와 푹 퍼져서 저녁마다 담소를 나누는 보너스가 있어 좋다. 이튿날 저녁에도 상윤이랑 이런저런 이야기를 나누다가 자정이 가까워서 잠자리에 들었다.

깜깜한 어둠 사이로 카톡 카톡 카톡 소리가 선명하게 들렸다. 어둠 속에서 폰을 열어보니 꼬리를 물고 달리는 기차처럼 후배의 문자가 카톡카톡 기적 소리를 울리며 계속 들어온다.

몇 문장 읽다보니 이번에도 어김없이 '언니 답장 안 해도 된다'라는 문자가 들어왔다. 그 뒤로 16번의 카톡 소리를 울리며 힘겹게 모퉁이를 돌아가는 기차의 21번째 꼬리를 보면서 잠들었다.

다음 날 햇살이 한참이나 퍼진 뒤에 문자를 보냈다.

- 하루를 지내면서 또 네 맘 내려놓고 있겠네. 훤히 보이고 느껴져서 '그래 그래 그렇지'라는 말밖에… 그래 또 지나가겠지.

라는 문자와 함께 내가 상윤이에게 보냈던 편지가 위로가 될 것 같아서 폰에 저장해 둔 손편지를 보냈다.

잘 있제?
안 착하게 살고 싶다는 네 결심(?)에 박수를 보낸다.
그 뜻에서 말할 수 없다는 내 마음은
매일 '안 살고 싶다'에서 벗어나려고 발버둥친다
참 힘 빠지고
허망하고 아니 허망은 아니다
모든 것이 다 '내 탓'이니 너무 내가 싫었다
너 혹시 '항차'이란 말 아나?
까맣게 항차하고픈 생각이 이전에 들어오는데
그것마저도 지울 수 있는 지우개가 있다면 지우고
그래도 자국이 남은 종이는 이에 불 너를 재로 만들고픔

현실과 수면의 경계가 몽롱할 때도 있다
이러다 치매오까지 싶기도 하다
태풍이 지나 앙상한 앙상하게 다 떨어진 나뭇가지에
넘치렴 새 잎싹이가 나왔다
급기야 꽃을 피우기로 한 살구나무
그 생명력의 끈질김을 바라보면서 마음을 다잡아
먹으려 노력하고 있다
아침부터 힘 빠지는 소리 늘어 놓고 있네

하늘은 푸르고 구름은 희다. 바람도 가득가득하고
하늘, 구름, 쪽빛 바다 그리고 노을에 물드는 들판이
너무나 아름다운 10월이다. 또 헛소릴했기를 -----

                    2012년 10월 10일
                    고성에서 재연이가

- 몇 년 전 나를 만나면서 '그래 그랬었지. 다 지나갔구나.ㅎㅎ 웃는다.

라는 문자를 덧붙여 보냈다.

　　　- 나도 언니 손편지 있는데 오늘 꺼내 읽어봐야지. 희망찬 아침입니다. 언닌 도사 다 되었네. 나는 오늘도 열심히 반찬 만들고 있슴다.
　　　- 수고

　후배의 문자를 보며 편지가 조금은 위로가 된 듯하여 다행이다. 그렇게 추스르고 일상으로 돌아와 최선을 다하는 후배에게 마음을 모아 응원의 문자를 보낸다.

　　　- 아자아자

폰을 끄면서 생각나는 말이 있다.

　　하늘이 알고 땅이 알고
　　이 또한 지나가리오
　　그냥 웃지요

　내가 좋아하는 말이기도 하고 살아가면서 진통제 역할을 톡톡히 해

주는 말이기도 하다. 이 짧은 말이 나이를 제대로 먹게 도와주기도 하는 것 같다.

 살다보면 힘들고 외로울 때도 있고 억울하고 허망할 때도 있다. 그 순간들을 넘기자면 참아야 할 때도 많고 기다려야 할 때도 있다. 때로는 설명보다 침묵을 해야 할 때도 있다. 그럴 때 참으로 도움 되는 말이기도 하고 나이를 점점 먹으면서 한 단계씩 터득하며 연륜이란 것이 쌓이는 것 같다.

 후배의 넋두리를 보며 이제 곧 '이 또한 지나가리오'를 통과할 것이고 조금 더 살다보면 우리 모두 '그냥 웃지요'의 시간을 자연스레 만날 것이다.

 그리고 그냥 내 마음 그대로 적어 보낼 수 있는 친구 상윤이가 있어 고맙고 후배가 필요할 때 내 어깨 하나 빌려줄 수 있음이 다행이다.

 그래서 오늘도 또 살 만하고 행복하다.

평화를 위한 노트

자기 꾀에 스스로 속아 넘어간다는 것이 이런 기분일까? 건강이, 기운이 바닥을 치니 마음도 정신도 뒤따라 가라앉는다. 그러더니 무기력증이 우울증으로 자리를 잡기 시작한다. 나에게 이런 일들이 올 것이라 생각하지 못했었는데….

 문득 중학교 3학년 어느 날이 생각난다. 미술실에서였다. 선생님이 안 계신 틈에 나의 장난기가 발동했다. 포스터 칼라로 새빨간 손을 만들어 불쑥 아이들 앞에 내놓으면 깜짝 놀라겠지. 미술실 한쪽 구석에서 오른손을 새빨갛게 칠하다가 너무 놀랄까? 조금 강도를 낮추자 싶어 왼손은 처음과 달리 새하얗게 칠했다.

 두 손을 등 뒤에 감추고 열심히 그림을 그리고 있는 은숙에게로 다가가 '왁' 하며 양손을 쑥 내밀었다. 순간 내 등골이 오싹했다. 놀랄 것이라 예상했던 빨간 손보다 아무렇지도 않을 것이라 생각했던 흰 손이 더 무서웠다. 핏기 하나 없이 창백하게 보이는 흰색의 예상치 못한 공포감. 너무 놀라 지금도 그때 은숙이가 소리를 질렀는지 어땠는지조차도 기억에 없다. 그 흰색이 주던 공포감이 흰색 옷을 거부하는 버릇을 만들었던 것 같다.

요즈음의 무기력증이 예상을 빗나간 흰 손 같다. 차라리 예상했더라면 자신을 향한 배신감은 적었을지도 모르겠다. 무슨 배짱으로 나는 이런 살기 싫은 기분을 만나지 않을 것이라 생각했던가. 그건 나만 그렇게 생각하는 것이 아닌 것 같다. 주위의 사람들도 나의 무기력증이 너무 생소하고 어울리지 않는다고 생각하는 눈치다. 지나온 시간을 속속들이 아는 친구 몇 명을 제외하고는.

간혹 삶의 고비에서 죽고 싶다는 말을 내뱉은 기억은 있다. 그런데 '살기 싫다'라는 것이 '죽고 싶다'라는 말보다 훨씬 더 심각한 것이란 것을 알았다.

'죽고 싶다'는 좀은 습관적이고 순간적이며 약간의 오기 같은 힘이 있다. 죽고 싶다는 이면은 견뎌내고 살고 싶다는 말이기도 하다. 그러나 '살기 싫다'는 버티고 버티다가 에너지가 바닥나서 삐이 하고 꺼져버리는 휴대폰 같은 것이다. 죽을힘을 다해 싸우던 권투 선수가 다운이 되면 일어나지 않고 마냥 누워 쉬고 싶다던 말을 알 것 같다.

'한 번만 더, 한 번만 더'라며 참고 이해하고 기다려주던 일이 얼마나 미련한 짓이었는가 싶다. 웃으면서 부티나게? 멀쩡한 얼굴로 잘도 버티고 있는 내가 질겨서 싫다고 혜수에게 말했던 기억이 난다. 참 허망하다. 삶은 동전의 양면 같은 것이어서 모든 것 다 놓고 싶어도 다시 움켜잡아야 하는 이유가 있다. 나도 아직은 좀 더 버텨야 한다.

큰아들 내외는 힘이 들어도 나름대로 방향을 정해 며느리랑 힘을 합해 나아가고 있으니 일단 한 가지 숙제는 어느 정도 마친 것 같다.

이젠 다음 숙제를 해야 한다. 나에 대한 연민으로 옆을 지키고 있는 작은아들이 미련 없이 홀로 떠날 수 있게 나는 기력을 되찾아야 한다. 그래서 생각한 것이 매일 무엇이라도 한 줄씩 적자. 내가 살아 있음을 알게 오감으로 느끼는 아주 작은 상황들을 적어보자.

책꽂이에서 노트 한 권을 뽑았다. 오래전 잡다한 메모를 하다가 중단했던 노트를 꺼내 읽어본다.

'함께 침묵하고 있어도 마음이 편한 사람'이라고 적힌 글을 보면서 누가? 내가? 라며 피식 웃는다. 6년 전에는 나도 그런 소릴 듣기도 했네. 민망해서 얼른 넘긴다. 몇 장을 더 넘기자 백지가 나왔다. 일단 백지 한 면은 언젠가 노트의 제목을 적을 생각으로 남겨두고 다음 페이지부터 적기 시작했다.

하루 중 고마운 순간을 기억해서 적자. 그리고 닫아 두었던 오감도 열어 살아 있음도 느끼자. 바람도 느끼고, 새소리에도 마음을 주고, 때때로 하늘과 구름 그리고 바다도 보고, 그것도 놓치면 밤하늘 별과 달이라도 보고 한 줄 적기 위해 억지로 마당에 서 보기도 하자. 마당에 풀꽃도 알뜰하게 바라보고 내게 온 문자도 마음으로 읽어보자. 그동안 행복했던 기억들이 내 삶을 지탱했던 것처럼 앞으로의 삶을 위해 아름답고 고마운 기억들을 또 쌓아보자. 그렇게 하다 보면 빠졌던 기운이 다시 돌아오겠지.

혜수로부터 카톡이 왔다.

　　－나는 요즘 하루 종일 행복한 생각 나열하기를 한다. 하늘, 바람, 커피 향. 할 게 없으면 길가 돌멩이 ㅎ (생략)
　　－난 얼마 전부터 몇 개씩 적는다. 그 노트 이름 아직 정하진 못했지만. 그런데 우리 너무 딱딱 맞는 것 아니냐
　　－연아 우리 참 천생 인연인갑다. 타이밍이 절묘하다 ㅎㅎㅎ

3월 26일에 적힌 글이다.
살아 있음을 챙기는 노트에 내 이웃의 이름들이 번갈아가며 적힌다. 고맙다라는 말과 함께. 그리고 또 다른 사소한 것들도 적혀 있다. 행복하다는 단어와 함께 마음의 평화를 찾는 작업을 한다.

　　－로띠번(카페베네) 빵 냄새 좋다. 부드럽다.
　　－해 질 녘 수선화를 이쁘게 찍다.
　　－날 부르는 정월이와 춘설이의 음메 소리에 왜 엄마 여깄다라고 답하다.
　　－하루 종일 비를 바라보다

- 메타세쿼이아 가로수 새싹이 너무 싱그럽다.
- 아구찜이 주는 포만감
- 따뜻한 물에 발을 담그다.
- 녹색으로 변한 메타세쿼이아. 끝없이 이어져 종일 가고 싶다.
- 새벽에 하는 목욕
- 하루 지나니 적을 것을 까먹었다.

4월 6일엔 텅 빈 내 머리를 잘 말해주는 '까먹었다'라는 글도 있다. 이런 것들을 읽으면서 훗날 이 노트를 보는 사람은 내가 희망적이고 긍정적인 사람이라고 대단한 오해를 할 수도 있겠다며 씨익 웃는다

시작할 때 비워둔 여백에 '무기력증 탈출을 위한 발악'이라고 설명을 달아야 할까?

"혜수야. 아무래도 항우울제를 먹어야 될 것 같아."

"간이 계속 나쁘면 무기력증이 오고 그 끝에 우울증으로 변한다."면서 간장약과 항우울제를 들고 바로 달려왔다. 바람 쐬러 가자면서 나를 태웠고 남해 어느 마을 앞에서 도시락을 펴놓고 아름다운 바다를 보며 이야기를 나누었다.

작고 파란 항우울제를 한 알 먹은 다음 날은 종일 나른했다. 이건 아니란 생각이 들었다. 어차피 내가 해결해야 할 문제라는 생각에 그 노트에 매일 한 줄씩 적기에 더욱 마음을 쏟았다. 그리고 몸을 움직이자는 마음으로 전화를 하고 만날 약속을 잡고 종종 먼 길 와주는 혜수랑

원희랑 바람도 쐬고 수다를 떨며 보낸 날 저녁엔 친구의 이름과 함께 고맙고 행복하다고 적곤 했다.

하루를 안개 속에 있었던 것처럼 몽롱하게 보내고 저녁을 먹고 노트를 꺼내니 적을 것이 없다. 슬그머니 일어나서 깜깜한 마당에 서본다. 바람이 느껴진다. 하늘을 올려다본다. 총총한 별이 들어온다.

방으로 들어와 노트에 바람과 별빛에 대해 한 줄 적는다. 이렇게 억지로라도 나를 느끼며 가다 보면 어느 날 언제 그랬냐는 듯이 건강해지면서 마음의 평화가 찾아올 것이다.

비워뒀던 맨 앞장 여백에 '평화를 위한 노트'라고 적는다.

단도리

　　　　　　　자려고 불을 끄면 내 머리맡에 유에프오와 함께 별이 뜬다. 문방구에서 구입한 야광 스티커를 방문 옆 스위치에 붙인 뒤로 밤마다 등대가 되어 내 머리맡을 비추고 있다.

　몇 달 전 한밤중에 화장실을 가려고 일어나서 방문을 향해 가다가 책상에 부딪히면서 잠깐 방향 감각을 잃었다. 간밤에 보통 때와 반대로 머리를 두고 잔 것을 잊고 습관적으로 방문을 향해 갔던 것이다.

　궁여지책으로 스티커를 붙이면서 오래전 시어머님 방에 켜두던 꼬마전구를 꽂아야 하는 시간이 다가오고 있구나 생각했다. 이제 갈무리의 시간을 지나 단도리의 시간으로 들어서고 있는 것이다.

　나는 갈무리라는 말을 참 좋아한다. 갈무리란 단어에는 가을의 투명한 햇살과 함께 투박한 엄마의 손놀림도 있고 늦가을의 특이한 냄새도 있다.

　가을이 되면 마당은 분주해진다. 빨랫줄에 가지가 걸리고, 길게 깎은 하얀 박은 굵은 줄이 되어 걸리고 푸른 무청도 걸린다. 마당엔 빨간 고추가 일광욕을 즐기고 뜨거운 물에 데쳐진 고춧잎은 물기를 날리고 찹쌀 옷 입은 끝 고추도 하얗게 말라간다.

　콩과 밀을 함께 삶아 띄워서 실처럼 진이 쭉쭉 나는 막장거리는 쾌쾌한 냄새를 풍기며 몸을 말린다. 며칠 코를 막고 지나가다가 호기심으로 콩 한 알 씹어보면 묘하게도 또다시 손이 간다.

　입이 텁텁하다 싶으면 꾸덕꾸덕 말라가는 끝고추 집어먹다가 매운 놈이 걸리면 후다닥 우물로 달려가서 벌컥벌컥 물을 마시다 보면 가을 해거름 햇살이 두레박에 걸리곤 했다.

　짧은 가을 햇살을 알뜰히 쓰는 엄마의 등 뒤로 왔던 바람은 그냥 지나치지 않고 빨랫줄에 걸린 무청을 흔들어 놓는다. 그 가슬가슬한 바람에 무청이 흔들리며 내는 소리를 엄마는 '와시렁와시렁'이라고 표현했다. 어쩜 엄마는 바람과 무청의 대화처럼 들려서 와시렁이라고 했던 것이 아닐까?

　그렇게 햇볕에 수분을 날리고 가벼워진 것들을 거둬들이면서 엄마는 긴 겨울을 따뜻하게 보내려면 갈무리를 잘해야 한다고 하셨다. 그것을 얻기 위해서는 미리 준비해야 한다는 메시지도 깔려 있었다. 그때 갈무리란 말이 참 넉넉하고 따뜻하고 아늑하고 안심되는 느낌이어서 갈무리라는 말을 좋아하게 되었다.

갈무리라는 커다란 곳간을 가지게 된다는 것은 잔고가 많은 통장을 하나 가지는 것 같아서 생각만 해도 금방 부자가 되는 기분이다. 그래서 갈무리라는 곳간에 하나씩 채우기 시작했다.

생각은 생각대로 잘 정리해서 쌓아두고, 좋은 기억이나 추억들도 다른 쪽에 정리해놓고 아픔과 외로움도 나름대로 정리해서 좀 더 깊은 쪽에 모셔놓고 좋은 인연에 대한 고마움과 기회가 되면 감사함을 표해야 할 인연들은 가까운 쪽에 다소곳이 올려놓았다. 그리고 남은 작은 공간에 꿈이란 것들을 조심스레 숨기듯이 나만 알아보게 넣어두기도 했다.

간혹 내 주위에 사람들이 많다는 소리를 들을 때는 비록 마이너스 통장으로 매일을 끊어질 듯 이어가고 있지만 갈무리 은행 통장에 잔고가 많아서 고비를 잘 넘기고 있다는 생각에 마음이 따스하다.

그런데 요즘 서서히 늦가을이 끝나가고 겨울의 초입에 서 있다는 느낌이 자주 든다. 그건 숫자로 표시되는 나이 탓만은 아닌 것 같다. 일상에서 자꾸만 소소한 실수들을 한다. 처음엔 '그럴 수도 있지'라고 가볍게 넘겼는데 횟수가 잦아지면서 그냥 넘어갈 것이 아니었다. 깜빡 잊어버리는 것은 다반사고 물건을 놓쳐버리는 일도 자주 일어난다.

어릴 때 물건을 놓치면 '다담바시 잡아라'고 하던 엄마 말이 생각나서 물건을 잡기 전에 '다담바시'라고 주문도 외워도 봤지만 그것이 정신적인 문제이기 이전에 육체적으로 기능이 떨어지고 있다는 것을 인정하는데 그리 오래 걸리지 않았다.

오래 쓴 기계 부속처럼 헐거워지고 있는 것이다. 정신도 마찬가지다. 나만 그런 것이 아니라 남편도 그런 점들이 눈에 띄기 시작한다. 실내화를 신고 화장실에 갔다가 맨발로 나와 화장실 바닥에 놓여 있는 남편의 실내화를 보면서 나라도 정신 바짝 차려야겠다는 생각을 할 때도 있다.

미리미리 정비하지 않으면 누구에겐가는 - 특히 자식들에게 - 짐이 될 것이다. 예방이 상책이란 생각을 하면서 단도리라는 단어도 자연스레 곁에 두게 되었다. 나름대로 규칙을 하나씩 만들어 간다.

물건은 되도록 가벼운 것으로 외관보다는 기능성이나 안정성을 우선으로 하고 복잡한 것보다는 간단한 것으로 그리고 모임도 줄이고 약속도 쉽게 하지 말고 가짓수도 줄이고 속도는 느리게….

겨울을 위해 몸을 말려 가볍게 만드는 가을 갈무리를 제대로 하고 이제 수시로 자신을 점검하는 단도리 작업에 더 많은 시간을 할애해야 하는 때가 온 것을 인정한다.

얼마 전 말린 생선을 사려고 삼천포로 가던 길이었다. 저만큼 앞서 가는 검은색 승용차 뒤쪽 유리창을 반쯤 가리는 커다란 종이가 붙어 있었다. 뭔가를 홍보하는 차로는 좀 어울리지 않는다는 생각을 잠깐 하다가 신호등 빨간불에 그 뒤에 서게 되었다.

늙은이라서
느립니다
미안합니다

굵고 큰 고딕체 글을 읽으면서 잠깐 멈칫했다. 아! 좀 전에 점멸등 앞에서 브레이크를 밟더니… 알 것 같았다. 늙은이라서 느리다고 하는 것을 봐서 나이 숫자가 높은가보다. 정년퇴직을 하고서 늦게 운전을 시작했나 보다. 늙은이라서라는 글귀에서 곧 다가올 겨울이 느껴진다. 느립니다. 미안합니다라는 말이 짠하기 하지만 솔직한 대처 방법이란 생각도 들었다. 좌회전 신호를 기다리며 천천히 직진하는 승용차를 바라보며 단도리 잘해서 짐 되지 맙시다라며 미소를 짓는다.

갈무리는 내가 원해서 택하는 선택과목이었다면 단도리는 싫어도 어쩔 수 없이 해야 하는 필수과목인 것 같다. 이제 더 이상 필수과목을 미룰 수 없는 나이에 온 것 같다. 그렇다면 마지못해서가 아니라 기꺼운 마음으로 받아들여야 할 단도리.

그나마 겨울이 오기 전에 단도리할 수 있게 기다려주는 늦가을 햇살이 따스하다. 고맙다.

지금 바로 여기

아침 눈을 뜨면 자연스레 눈으로 들어오는 족자가 있다.

여 바 지
기 로 금

오당 방덕자 님께 부탁하여 적어온 '지금 바로 여기'라는 힘찬 글씨를 구호처럼 외우며 하루를 시작한다.

하루 24시간. 언제나 똑같은 속도로 흔들림 없이 흐르는 시간이건만 내 맘에 따라 때로는 느리기도 하고 또 때로는 눈 깜빡할 사이에 지나가 버린다. 내 맘에 따라 고무줄처럼 늘어나기도 하고 줄어들기도 한다.

오래전에 빨리 어른이 되고 싶어 하는 내게 엄마는 혼잣말처럼 '젊었을 때는 하루는 잘 가지만 일 년은 더디게 가고 나이가 들면 하루하루가 지겨워도 일 년은 후딱 가면서 늙은이가 된다'고 했다. 그때 엄마의 나이가 쉰을 바라보고 있었다. 그 후 할머니가 된 엄마에게 시간의 속도는 어떤지 물어보지 않았는데 내 나이 60을 넘어서니 하루도 후딱 일 년도 후다닥 너무 빨리 지나가서 현기증이 일어나려고 한다.

사람들이 나이가 속도의 숫자라더니 빨라지는 속도를 실감한다. 아직 할 일이 많은데 마음처럼 몸이 따라주지 않는다. 한 번 곤두박질친 체력은 생각처럼 쉽게 돌아오지 않는다. 얼마나 지나야 예전의 컨디션을 찾을 것인가? 할 일이 많은데.

갑자기 '갈 길은 멀고 해는 서산으로 떨어지려 한다'라는 상황이 내 앞에 온 듯한 느낌이다. 최소한 삶을 정리할 시간을 가져야 한다는 생각 끝에서 환갑이라는 것에 의미를 두기도 했다. 태어나서 삶이란 궤도에서 그려오던 큰 원을 하나 마감하고 다시 시작점에 서는 환갑이란 것의 의미로 나 자신을 일으켜 세우기 위해 최면을 걸고 있었다. 빠른 생일이 별로라고 생각했는데 해가 바뀌면 빨리 환갑이 된다는 사실에 처음으로 빠른 생일이어서 좋다며 자신을 부추기며 환갑을 기다렸다.

첫 번째의 원은 삶이라는 버스에 승객이 되어 궤도를 돌았다면 두 번째의 원은 내가 운전수가 되어 원을 그려야 하는 것이 아닐까? 하는 생각을 했다. 60년 주기의 큰 원이 아니라 그때마다 능력에 맞는 반경의 원을 그리고 또 작은 원을 그리고 그 작은 원들로 다시 큰 원을 그려야 한다는 생각으로 환갑을 기다렸다. 큰 원은 완성하지 못하더라도 매일이라는 원의 승객이 아닌 운전수가 될 수 있음이 얼마나 감사한가.

이제 인생은 60㎞로 달리는데 나는 아직 그 속도감에 익숙하지 못해 하루를 제대로 쓰지 못하고 있다는 생각이 든다. 외출을 준비하다가 보면 갑자기 시간이 훅 지나가서 다급해지는 순간에 서 있는 듯해서 괜히 마음이 급해진다. 그 조바심이 하루를 쓸데없이 갉아먹는 것이 아닌지 정신을 차려봐야겠다. 천천히 호흡하면서 나의 하루를 찬찬히 바라본다.

나이를 먹는다는 것은 기능이 함께 낡아가는 기계와 같다. 깜빡거리는 머리와 속도가 떨어지는 몸놀림으로 일의 능률이 떨어져서 하루의 한 부분을 소모하기도 하고 두 가지를 한꺼번에 하던 능력도 떨어져서 이쪽저쪽을 오가며 시간을 낭비하기도 한다. 그러니 어찌 하루가 짧지 않으리오.

처방이 필요하다. 줄어든 용량에 맞춰 시야도 줄이고 생활반경도 줄이고 마음의 오지랖도 줄여서 일상을 단순하고 간결하게 만들자. 많은 것을 하려 하지 말고 우선순위를 정해서 하나씩 풀어가자. 그렇지 않으면 많은 것을 놓칠지도 모른다.

저녁 세수를 하고 스킨병을 기울이다가 문득 희망적인 생각이 들었다. 가득 들어 있는 화장품을 습관적으로 바르다가 화장품이 바닥 가까이 남게 되면 바를 때마다 '다되어가네'라는 생각을 한다. 떨어지기 전에 미리 새것을 구입해 놓고 헌 병을 기울이면 또 화장품이 손등으로 흘러내린다. 한 이틀이면 끝날 것이라 생각했던 화장품이 일주일이 넘게 간다.

거꾸로 세워서 바람이 날 때까지 알뜰히 사용한 핸드로션 튜브를 가위로 잘라서 안을 보면 튜브 벽에 묻어 있는 로션이 꽤 된다. 이 녀석도 한 이틀이면 떨어질 것이라는 나의 예상과는 달리 일주일도 간다.

갑자기 내게 남은 시간도 이럴 수 있겠다는 희망적인 생각이 든다. 열심히 바라보는 것이 방법이란 생각이 든다. 그러면 잘게 잘게 나눠서 보는 방법을 터득하게 될지도 모를 일이다.

하나가 하아나로 또다시 하아아나로… 그렇게 마음을 모아서 보면 순간순간도 느낄 수 있을 것이다. 그러다 보면 60km의 속도에도 적응하고 다가올 70km에도 멀미 나지 않고 잘 보낼 수 있을 것이다. 덕분에 매사를 열심히 또박또박 보려고 한다.

앞으로 봄은 몇 번이나 만날 수 있을까 싶어 매일매일 변하는 봄마당을 열심히 본다. 봄비 소리에도 정성껏 귀 기울이고 바람도 피부로 느끼다보니 세상에 공짜가 이렇게 많을 줄이야. 자연이 주는 많은 선물들, 축복이다. 참 감사하다. 이런 것이 나이를 먹는 것인가 보다. 그렇게 이순耳順이 되어가나 보다.

그래, 지금 바로 여기.

흘러간 시간에서 마음을 가져오지 못하고, 아직 오지도 않은 시간을 걱정하느라고 정작 발밑에 있는 지금을 놓쳐버리고 있었던 것은 아닌가? 좀 더 화려하고 안락할 것 같아 먼 곳을 바라보느라고 '여기'의 아름다움을 찾아보는 일에 소홀했던 것은 아닌가?

그 지금과 여기는 여전히 곁에 있으니 다음에 하면 된다고 미루다가 놓쳐버린 것은 또 얼마나 될까? 바로 행하지 않음이 깜빡으로 변하는 나이임을 명심하고 생각날 때마다, 눈에 띌 때마다 '바로'라는 구령을 붙이면서 내 게으른 습성을 바꾸려고 노력하고 있다. 부지런히 '지금 바로 여기'를 한 2년 반복 학습을 하다보면 습관이 되어 자연스레 하루하루를 잘 살게 될 것 같다.

이런 생각을 하는 63살이 고맙고 몸에 익을 65살을 기분좋게 기다려본다. 그러면 75세까지 한 10년은 평화롭고 행복하고 감사하며 삶을 제대로 정리할 수 있을 것 같다. 그러면 편안한 얼굴로 늙어갈 수 있겠다.

그래 그러자.

지금 바로 여기

둥글게 둥글게

　　　　　　　　　　어릴 적 우리집 마루 한쪽에는 다리가 접히지 않는 두레상이 있었다. 하루에도 몇 번씩 상을 차려야 하고 상 위로 기어오르는 어린 동생들을 위해 엄마가 아버지께 특별 주문하여 만들어진 원목(그 시절엔 원목가구라는 개념도 없을 때) 두레상이었다. 투명한 니스칠로 마감을 하여 원목색 그대로여서 우린 '흰상'으로 불렀다.

　어느 여름 흰상에 둘러앉아 점심을 먹고 있을 때 가끔 들르는 할아버지 걸인이 동냥을 오셨다. 왜 그랬을까? 엄마는 대문까지 나가서는 할아버지를 들어오라고 하셨다.

　우리들에게 엉덩이를 조금만 돌리라고 하시더니 행주로 흰상 한쪽을 닦고 수저를 놓고는 아니라고 손사래 치는 할아버지를 앉히셨다. 그리고 우린 아무 일도 없었던 것처럼 밥을 마저 먹었다. 그날 난 걸인

할아버지와 함께 밥을 먹었다는 사실보다 '엉덩이를 조금만 돌리면 된다'던 말이 더 기억에 남았다.

우리 형제만으로도 꽉 찼다고 생각했던 두레상이 엄마의 말처럼 엉덩이 방향을 조금만 틀어도 여유가 생기던 흰상이 네모가 아니가 둥근 원이란 것이 새롭게 인식되었다. 원이 가지는 유연성 같은 넉넉함을 어렴풋이 알게 된 날이었던 것 같다.

훗날 내가 엄마 나이가 되었을 때 그날의 엄마 마음을 알 것 같았다. 그 할아버지 걸인의 모습을 보면서 친정 아버지를 겹쳐서 본 것이 아닐까? 하는 생각이 들었다.

그때도 여름방학 중의 어느 날이었던 것 같다. 흰상에 둘러앉아 점심을 먹고 있는데 낯선 여자가 마당으로 들어왔다. 몇 끼를 굶어 배가 고프니 밥을 좀 달라고 했다. 엄마는 우리에게 눈짓을 했고 걸인 할아버지와의 경험이 있어 우리는 엉덩이를 조금씩 틀었다. 수저를 놓고 밥상으로 오라고 했다. 며칠 씻지를 못해 먼지투성이에 땀 냄새까지 나서 안된다며 마루 아래 축담에서 먹겠다고 했다.

밥상으로, 축담으로, 밥상으로… 잠깐 실랑이를 하다가 엄마가 이겨서 우리와 함께 흰상에서 밥을 먹었다. 잘 먹었다는 인사와 함께 오빠에게 종이와 연필을 요구했고 낯선 여자는 무언가를 적었다. 달필이었다. 흘려 쓴 한자의 내용이 뭔지는 몰라도 낯선 여자가 뭔지는 모르겠지만 특별하고 대단하다는 생각이 어린 마음에도 신선한 기억으로 남앉다.

훗날 오빠는 '그 종이 잘 뒀다가 아버지께 보였어야 했는데'라며 어떤 내용이었는지 아쉬워했다. 그 당시 오빠는 중학생, 나는 초등학생이었으니 거침없이 써내려간 한자의 뜻은 알 수가 없었지만 축복의 글이었을 거라고 나는 생각했다.

우리 동네에는 구덕탕, 우리탕이라는 공중 목욕탕이 있었다. 지금 생각하면 60년대에 공중 목욕탕이 두 개나 있었다는 것은 행운이었던 것 같다. 1년에 몇 번 가족행사처럼 가는 목욕탕을 혼자 갈 때가 있었다.

그날은 학교에서 신체검사가 갑자기 잡히는 바람에 오후에 혼자 목욕탕에 가게 되었다. 엄마는 목욕비를 건네주며 옆사람에게 부탁해서 등을 꼭 밀고 오라고 신신당부를 했다.

목욕을 하는 동안 계속 고민이었다. 누구에게 부탁할 것인가? 비슷한 또래나 언니 정도 되는 사람이 없다. 모두 어른들뿐이다. 시간은 흐르고 난 아직 부탁할 사람을 정하지도 못했다.

그러다가 목욕탕 한가운데 둥근 온탕을 보면서 생각했다. 등밀이 타임을 정해서 모두가 같은 방향으로 둥글게 앉아 앞사람의 등을 밀어주면 모두가 한꺼번에 끝낼 수 있겠다고.

그뿐인가? 두 사람이 짝을 지어 등을 밀면 밀어주고 받고 시간이 배가 되는데 둥글게 앉아서 밀면 간단하게 끝나는 것을. 돌멩이 하나 떨어지면서 번져가는 동심원처럼 대단히 효율적이고 기분좋은 일일 것 같았다.

 어릴 때 만났던 흰상과 목욕탕의 원에 대한 생각이 떠나지 않았다. 그러다가 사람의 관계나 사람들의 계산법도 둥글게 하면 훨씬 따뜻하겠다는 생각을 하게 되었다.
 '주고받고'는 두 개의 화살표로 그려지고 깔끔하고 분명하다는 느낌을 준다. '주거니 받거니'는 주고받고보다는 소통이 이루어지는 느낌이어서 마음이 좀 실리는 듯한 느낌이지만 여전히 화살표 2개로 끝난다. 화살표를 좀 더 많이 나눠 가질 수 있지 않을까? 하는 생각이 떠나지 않았다.
 그러다가 어릴 적 목욕탕의 등밀이 타임이 생각났다. '주거니 받거니'가 아니라 '주거니 주거니'만 있는 원圓. '주거니 주거니'이지만 동전의 양면처럼 '받거니 받거니'인 원圓.
 그리고 생각했다. 사람들이 둥글게 산다면 내가 받은 것을 내게 준 사람이 아니라 옆 사람에게 주고, 그 옆 사람은 또 옆 사람에게 주면 그렇게 주고, 주고 또 주다 보면 큰 원 한 바퀴 돌아서 다시 나에게 돌아올 것이다. 주고받고는 마주 보고 일회성으로 끝나지만 주거니 주거니는 연속적이니 살아 움직이는 힘이 되는 것이다. 또 묘한 것은 주고받고는 한 가지 형태인데 비해 주거니 주거니는 돌면서 형태가 바뀌는 변화도 있다. 물질이 마음으로 돌아오기도 하고 마음이 물질이 되어 돌아오기도 한다. 늦게 오면 늦은 만큼 더 큰 원이 되어 많은 사람들 손을 거치고 있을테니 내 손을 떠나면서 받을 생각은 아예 잊어버려도 되지 않을까?

준다는 마음이 없다 보면 받고 받고만 있는 상태가 되어 그냥 감사한 마음이 된다. 참 오묘한 현상이다. 무주상 보시를 알 것 같다.

어릴 적 만났던 3개의 원圓이 한자리에 만나서 마음의 원으로 되어 굴렁쇠처럼 앞으로 앞으로 굴러간다. 원圓을 만나고 원의 계산법 생각을 키우니 마음에 걸리는 일이 줄어드는 것 같아 편하다. 그건 낯선 여자가 주고 간 축복 같은 것이라고 내 마음대로 생각한다.

원은 효율적으로 나눠서 함께 만족하게 만드는 힘이 있다는 생각을 해본다. 그럴 때마다 좋아하는 동요가 생각나서 불러본다.

앞으로 앞으로 앞으로 앞으로
지구는 둥그니까 자꾸 걸어 나가면
온 세상 어린이들 다 만나고 오겠네
온 세상 어린이가 하하하하 웃으면
그 소리 울려 퍼지네 달나라까지
앞으로 앞으로 앞으로 앞으로

영우도 影友島

　　　　　　　　　　　　나는 보물섬 하나를 갖고 있다. 지도에도 없고 형태도 없지만 내 좋은 벗들과 고마운 인연들의 기운으로 만들어졌기에 마음의 눈으로 볼 수 있는 섬, 영우도.

　우리 동네 뒷산인 수태산에서 내려다보이는 자란만의 경치는 정말 아름답다. 물결이 잔잔하여 큰 호수 같은 쪽빛 바다와 푸른 하늘에 흰 구름 그리고 점점이 흩어진 작은 섬들까지 있어 바다가 심심하지 않고 크고 작은 섬들은 제각기 이야기를 품고 있을 것 같아 눈과 귀 그리고 마음까지 열게 한다.
　왼쪽 삼산면 어디쯤 앞에서 섬들이 사량도 방향으로 한줄서기를 하고 있다. 정겹다. 볼 때마다 새롭게 보는 것처럼 아름답다는 감탄사가 절로 나온다. 징검다리 같다.

그날도 아름다운 흰 구름까지 더한 자란만을 내려다보며 일렬로 서 있는 섬을 뛰어넘는 상상을 한다. 조심스럽고 고마운 마음으로 살포시 섬을 하나씩 건넌다. 섬 하나 밟을 때마다 사량도가 조금씩 가까워진다.

하나, 둘, 셋…… 여덟 그리고…….

다음 걸음을 옮기지 못하고 가지런히 모으고 섰다. 징검다리 하나가 없어서 건널 수 없는 사량도를 바라본다. 삶도 이렇게 크고 작은 고비들을 밟고 지나가는 것이 아닐까 하는 생각이 든다. 때로 이빨 빠진 것 같은 징검다리에서 다음 걸음을 어떻게 할까 고민할 때 디딤돌을 놓아 주는 누군가를 만난다면 그건 행운이고 행복인 것을. 그런 생각으로 망연히 사량도를 바라보고 있을 때 신기루처럼 수면 위로 모습을 드러내는 섬 하나가 있다. 살포시 밟고 사량도에 올라 뒤돌아보면 언제 그랬냐는 듯이 바다는 잔잔하기만 하다.

오래전 엄마가 하던 말이 생각난다.

"재연아, 사는 일이라는 것이 참 기묘한 것이란다. 이젠 정말 마지막이다 싶을 때 생각지도 못한 누군가가 그 고비를 넘게 해 주니 말이다. 그러니 너도 살아봐. 참 살 만한 세상살이란다."

20대 초반인 나는 늘 살 만한 세상인 것 같은데 뭘 새삼스럽게 살아 보라고 하는지. 그러면서 '너는 걱정 안 한다'라고 한마디 덧붙였다. 그때 엄마가 좀 길게 말하던 '기묘-한'이란 단어는 그야말로 오묘하게 내 무의식에 자리 잡았던 것 같다.

 내 삶에서 가장 큰 밑천은 빚이었고 내 인생의 일등공신은 어려울 때 내게 돈을 빌려준 사람들이다. 사람들은 나더러 주위에 좋은 사람들이 많다고 하는데 그들이 말하는 좋은 사람들이 나의 재산이기도 하다.
 큰아들이 39살이니 나도 꽤 살았다 싶다. 뒤돌아보면 그 긴 시간 동안 단 하루도 플러스였던 날이 없었다. 늘 마이너스의 삶이었다. 그 시간들을 지나면서 힘들고 지치고 불편하기는 했지만 불행하다는 생각은 하지 않았다. 아니 불편한 것을 불행하다고 오해하면 안된다고 타일렀다. 정말 그랬다. 늘 마이너스 경제였지만 마음마저 마이너스는 아니었다. 오히려 그 마이너스를 채우고도 남는 인연들이 배려와 걱정으로 늘 나를 지켜봐주고 있었다. 덕분에 편안한 얼굴을 가질 수 있었음도 다행이다.
 신혼 초에 남편이 사업에 실패하면서 서민층 집 한 채 값 정도의 빚을 지고 매일 이자와 원금 숫자로 내 머릿속이 꽉 차 있을 때 어쩌면 물질적인 풍부함과는 당분간(너무 길었지만) 거리가 먼 삶이 될 수도 있겠다고 생각했다.
 그때 난 생각했다. 엉뚱하게도 중학교 물상 시간에 배운 '질량불변의 법칙'이란 것을 내 삶에 대입시켰다. 지금은 위치에너지는 아닌 것 같으니 위치에너지를 열에너지로 바꿔야겠다고 생각했다.

가진 것이 없어 나눌 수 없는 물질이라면 차라리 나눌 수 있는 마음으로 열에너지를 키우자고 생각했다. 마음을 느끼는 일, 마음을 나누는 일, 그리고 끌어안는 연습을 하자고 생각했다. 그래도 키우면 나눌 수 있는 마음이란 것이 있으니 얼마나 다행인가.

엄마는 사람이 살아가는데 신용이 최우선이라고 했고 아버지는 정직이 최고라고 하셨다. 신용과 정직이란 땔감으로 열에너지를 만들면 되겠다.

나와의 인연들에게 내가 어디에 머물고 있으며 어떤 상태인지를 있는 그대로 보였다. 내가 줄 수 있는 것이 마음뿐이기에 늘 마음을 열어 그들을 느끼며 연결 고리를 내가 먼저 놓지 않으려고 했다. 그 긴 끈들은 시간이 가도 헐거워지지도 빛이 바래지도 않고 오히려 더 단단해지는 기묘함(엄마 말처럼)이 내 삶 속에 있어서 오늘을 보내고 내일을 만나는 일에 마음을 모을 수 있었다.

빚 때문에 더 진솔해야 한다고 생각했고 빚을 갚기 전에는 늘 나의 근황과 머무는 자리를 알려야 한다는 생각이 있어 내가 먼저 소식을 전하고 안부를 묻고… 늘 감사하고… 그렇게 멈추지 않으려고 했다.

거품이 없는 관계를 만들어가는 시간이 쌓이면서 오묘한 변화가 생긴다. 뿌듯하고 감사하는 잔잔한 행복이 쌓인다. 부족한 가운데서도 늘 따뜻함이 머문다. 엄마 말처럼 살 만한 일이다.

끊어진 징검다리에서 막연할 때 그 다리를 이어주는 인연이 나타난다. 엄마는 이미 예감했을까? 넌 걱정하지 않는다고 했던 말이 늘 위로를 넘은 힘이 되곤 했다. 날 믿어주고 기다려주는 인연의 마음들이 뭉쳐 있다가 고비마다 그 기운들이 나를 다음 걸음을 뗄 수 있게 밀어주곤 했다.

  사량도를 망연히 바라보고 있다가 내가 걸음을 옮기고자 한 발을 내밀면 바다 밑에서 나만 아는 섬이 잠수함처럼 올라와 징검다리를 놓아줄 것이다. 한 발 디디고 건너고 나면 언제 그랬냐는 듯이 사라지는 섬.

  누구도 모르는 나만의 섬, 나는 그 섬을 영우도影友島라고 부른다. 어떤 비바람에도, 어떤 큰 파도에도 끄덕하지 않는 영우도. 내 영혼의 지도 위에만 존재하면서 목숨이 끝나는 날까지 함께할 영우도가 있어 행복하다. 감사하고 평화롭다.

  수태산에서 자란만을 내려다본다. 오늘은 영우도 식구들이 흰 구름이 되어 자란만 쪽빛 물 위에 그림자놀이를 하고 있다.

서대신동 3가 450번지

친정 막냇동생이 이웃으로 이사를 오게 될 집 구경을 갔다. 자란만 푸른 물결과 작은 섬들이 한눈에 들어온다.

"우와! 이 집 정원이 백만불짜리네."

"이런 곳에 땅을 구해준 누나 덕분이지. 고맙심더."

김해서 고성까지 한참이나 들락거리며 집을 짓더니 넓은 다락도 있고 구석구석 수납장을 넣어서 편리하겠다. 예전엔 수납장이 곳곳에 있으면 좋겠다고 생각했었는데 얼마 안 가서 그 수납장 때문에 짐들에 싸여 피곤하지 않을까 하는 생각이 드는 것은 나이 탓일까?

처음 살림을 살면서 그릇을 구입할 때 이왕이면 하고 큰 그릇을 선택했던 적이 있다. 그땐 시부모님과 함께 살다보니 큰 그릇들이 필요하기도 했지만 작은 그릇은 큰 그릇을 대신할 수 없지만 큰 그릇은 두

루두루 쓸 수 있다는 현실적인 이유도 있었다.

처음으로 작은 그릇으로 바꿔야겠다는 생각을 한 것은 쓰레기통이었다. 어느 날 쓰레기통 안쪽에 씌워 놓은 비닐봉투가 아까워서 꽉꽉 찰 때까지 쓰레기를 모으고 있는 미련한 나를 보며 생각을 바꿨다. 쓰레기통을 작은 걸로 바꾸고 비닐봉투도 작은 것으로 바꾸면 되는 것을.

시부모님이 돌아가시고 아이들도 객지로 나가면서 큰 그릇 쓰는 횟수가 줄어들었고 찌개도 국도 작은 냄비면 충분한 시절이 왔다. 작아지고 줄어드는 것이 그릇뿐만이 아니라 나도 줄어들고 헐거워지고 있었다.

손목이 아프면서 그릇은 작고 가벼운 것으로 바꾸고 용량이 줄어드는 머리와 체력을 인정하며 생활 반경도 조금씩 줄여야 한다고 생각하니 "마음만 장군이지"라고 말하던 엄마가 생각난다. 70을 바라보는 나이가 되었을 때 엄마는 자꾸만 줄이고 정리를 하셨다. 뭐 그리 많이 가진 것도 없건마는.

왜 그러시냐고 물으면 정리도 하지 않고 갑자기 죽으면 너희들이 치우려면 힘도 들 것이고 쓸모도 없는 구질구질한 것이 많다고 지청구할 것 아니냐고 했다.

지난 윤달엔 남겨뒀던 시어머니 물건들을 태웠다. 쓸 만한 것들까지 모조리 없애버리는 것이 함께 산 시어머니께 미안해서 가지고 있었던 시간이 10년도 넘기도 했지만 내가 정리하지 않으면 자식들이 정리해야 한다는 생각이 들어서 윤달을 빌미로 정리를 했다. 그렇게 정리하다 보니 30평 집도 크다고 느껴질 때가 조만간 올 것 같다.

　기회가 주어져서 여생을 보낼 집을 지을 수 있다면 어떤 집을 지을까 생각해본다.

　부산시 서구 서대신동 3가 450번지.
　내 이름 다음으로 많이 적어 본 글이다. 편지 쓰기를 좋아해서 편지봉투에 관제엽서에 그리고 그림엽서에 무수히 적었던 주소다. 그곳에서 태어나 결혼하지 직전까지 살았던 그 집은 내 삶의 주춧돌처럼 의식 저 밑바닥에 단단히 뿌리를 내리고 있다. 지금도 꿈속에서는 여전히 우리 집으로 나오는 고향 집.

　요즘 큰 아파트 한 채 정도 되는 60평 대지에 있을 것 다 있었던 집. 나무 대문을 열면 좌측엔 오빠를 임신한 만삭의 몸으로 아버지와 함께 만들었다는 우물이, 우측엔 다른 동네보다 먼저 들어왔다는 상수도가 있는 12평 기와집이 남쪽을 바라보며 단정히 앉아 있었다.

　수도 옆의 작은 꽃밭엔 봉숭아 채송화 분꽃 옥잠화가 돌아가면서 피고 늦은 봄이면 한몫하는 줄장미가 바깥세상 구경하려고 담을 넘고 있었다. 여름이면 엄마가 아끼는 치자나무는 향기로운 꽃과 치자 열매까지 달려 엄마를 환하게 만들곤 했다.

　작은 울타리로 돌려진 장독대엔 엄마의 자존심인 항아리들이 반짝이고 있었다. 그러고도 남은 마당 한쪽엔 아래채가 있었다. 12평 기와

집(그 당시엔 작지 않은 집이라고 했다)엔 부모님과 육 남매가 살았고 아래채에도 우리 식구만큼의 3대가 함께 세 들어 살았다.

고무줄놀이, 구슬치기, 딱지치기, 널뛰기, 시마치기, 공깃돌놀이, 팽이치기, 숨바꼭질까지 그 모든 것들이 이루어지던 마당의 활기참. 여름이면 마당에 모깃불 피워 놓고 커다란 태극무늬 부채 흔들어주는 엄마 옆에 누워 잠들던 시원했던 평상의 평화로움!

숯불 화로에 지글거리며 익어가는 청어 기름을 마당에 뚝뚝 흘리면서 먹을 때 '청어는 이렇게 먹어야 제맛이야'라던 아버지의 말에서 느끼던 자유로움. 수박 단물이 팔꿈치까지 흘러도 구애받지 않고 수박씨 허공으로 날리던 즐거움. 김 나는 솥뚜껑 열면 입 벌리고 있는 홍합과 함께 따끈하고 시원한 국물을 넘길 때 등짝을 스치던 늦가을 쌀쌀한 바람의 상쾌함!

서대신동 3가 450번지에 있던 집처럼 그 모든 것을 받아주던 작은 마당 딸린 아담한 집을 야트막한 산 중턱에 짓고 살고 싶다. 수납장이 없는 매끈한 방이라서 뭔가를 들여놓기보다는 제때에 버려서 깔끔한 방과 먼 곳에서 친구가 오면 내어 줄 소박한 방이 있는 작은 집이면 되겠다.

빗자루와 걸레를 들고 휘익 한 바퀴 돌면 단숨에 청소가 끝나는 작고 단순한 집이면 족할 것 같다. 집이 넓으면 하인 같은 주인이 될 것 같아서 싫다.

조금은 모자란 듯해도 때로는 불편한 듯해도 그 가운데서 한가로움을 즐길 수 있는 쪼맨한 집이면 평화롭게 여생을 보낼 수 있겠다. 한눈에 모든 것이 쏙 들어오던 서대신동 3가 450번지의 옛집 같으면 참 좋겠다.

| 평론 |

박재연론
— 일상과 아포리즘 사이

김열규

| 평론 |

박재연론
— 일상과 아포리즘 사이

김열규 수필가, 소설가, 문학평론가
(1932~2013)

수필작가, 박재연 님은 차근차근 그리고 오밀조밀 삶의 길에서 발을 옮겨가고 있다. 인생의 여정을 차곡차곡 그리고 또박또박 걸어가고 있다.

〈숨 고르기〉〈4월 덧셈에서 10월 뺄셈까지〉〈자전거〉 등, 일곱 편의 작품에서는 그런 발걸음 소리가 들려왔다. 박재연 님에게서는 인생 행로와 수필 창작의 과정이 둘이 아니고 하나였다.

산다는 것, 생활한다는 것, 그것은 곧 글 쓰는 것이라는 명제를 박재연 님의 수필에서 읽어내기는 그렇게 어려운 일이 아니다. 그의 붓 길과 인생살이의 걸음을 걷는 발길은 나란히, 나란히 어깨동무하고 있다.

그러면서 걸음마다, 발길마다 골똘하게 삶을 살피고 세상을 지켜보고 한다. 인생의 작은 기틀, 작은 계기를 눈여겨보는 시선 따라서 그의 행보는 옮겨지고 있다.

운동이란 명분으로 오빠에게 보현사 가는 길을 정리하러 가자고 했다. 어차피 오빠 혼자서 마음을 정리하려면 인적 없는 호젓한 산길이 도움이 될 것 같았다.

그간 사람들이 다니지 않았던 산길은 온통 잡초와 칡으로 덮여 있었다. 낫과 가위로 길을 더듬어 보현사에 도착하여 서로의 생각을 감춘 무표정한 얼굴로 법당에서 삼배를 하고 내려왔다.

다음 날부터 오빠는 매일 오솔길을 걸어서 보현사까지 오르내렸다. 그 산길을 혼자서 다니면서 오빠는 무슨 생각을 했을까? 오빠는 이제 시간이 얼마 남지 않았다는 이야기를 들었을 때 완전히 사기당한 기분이라고 했다. 그리고 너무 억울하다고 했는데 죽음을 받아들이는 연습을 하면서 산길 모퉁이마다 내려놓은 한숨은 얼마나 될까.

때아니게 삶을 여읠 오빠를 위해서 누이는 직접 자기 손으로 산사山寺로 가는 길을 새로이 열고 닦다시피 했다. 그 길이 죽음을 눈앞에 둔 오빠에게 삶을 정리하는 계기가 되기를 누이는 간절히 바랐던 것이다.

하지만 삶에 붙여서 '생각이며 마음을 정리하는 길', 그것은 오빠에게 선물하기 전에 이미 누이는 스스로 가고 있었던 길이다. 그것은 누이 자신의 인생 행보였던 것이다. 그러면서 걸어 나가는 삶의 고비마다, 굽이마다 박재연 님은 마음에 두고두고 간직하고 되새겨서 마땅한 사건과 일화를 작은 기념비 새기듯 한 것이다. 그래서 그의 걸음은 발견을 위한 길이고 탐색을 위한 길이 된 것이다. 그 발견은 '두 눈을 가진 내가 외눈박이 섬에서 비정상이 되는 외로움'이라든가 '나 자신이 먼저 대분수가 되어야 한다' 또는 '나는 아버지의 등을 알았다' 등의 기막힌 비유법과 수사修辭를 빚어내게 한 것이다.

그것들은 추억이라고만 치부해버릴 것은 아니다. 오늘의 삶의 요긴한 행적이 내일의 목숨과 생활을 위한 지표가 되고 의미가 되곤 한 것이다.

그렇게 박재연 님은 삶을 살고 수필을 창작해 왔다.

그중에서도 육친이며 가족 그리고 벗들과의 사이에서 겪어야 했고 또 겪은 일들이 박재연 님의 삶의 행적을 엮어내고 있다. 아주 어려서 아버지와 주고받은 서로의 〈첫 편지〉는 그것이 삭고 헐고 한 만큼, 이 작가의 역사적 기념비로 우뚝한 것이 되었다.

죽음을 통한 오라비 – 누이 사이의 생각과 마음의 주고받음은, 둘이 힘을 합쳐서 닦아낸 산길만큼 간절한 것이었다.

'오동나무에 걸린 오자지 신세라 오도 가도 못 한다'는 어머니의 장탄식은 작가 스스로 고통이나 고뇌와 맞서서 숨 고르기 하는 계기로서 작용하는 것이었다. 참고삼아 덧붙이자면, '오자지'란 무엇인가 얽혀서 떨어내지 못할 것을 의미한다는데, 박재연 님은 그 자신의 삶의 오자지를 어머니에 바치는 그리움으로 털어내고 젖혀내고 한 것이다.

그럴 때, 그 귀한 일화들, 그 소중한 옛 생각들은 오늘의 교훈이 되고 내일을 위해서 열린 이정표가 된 것이다. 낱낱이 교훈이 되고 '아포리즘' 이를테면, 금언金言이 되기도 한 것이다. 박재연 님의 삶의 궤적은 육친과 친구들 그리고 이웃에게서 찾아서 엮어낸, '금언집'이 된 것이다.

박재연 님의 인생은 그리고 수필은 그래서 한 권의 '우화寓話집'이 될 수도 있을 것이다. 이건 틀림없다.

그 금언집과 우화집에는 아픔이 어리기도 하고 비창함이 얼룩지기도 한다. 쓰라린 고뇌로 멍 자국이 끼치기도 한다. 하지만 그 모든 것이 필경은 깨달음이 되고 달관達觀으로 승화하고 있다. 삶의 속내를 밝혀 보이는 빛살이 되고 있다. 그것은 박재연 님 나름의 '도道통함' 같은 것이다.

—《고성문학》 24호(2008년)

이 도서의 국립중앙도서관 출판예정도서목록(CIP)은 서지정보유통지원시스템 홈페이지(http://seoji.nl.go.kr)와 국가자료공동목록시스템(http://www.nl.go.kr/kolisnet)에서 이용하실 수 있습니다.(CIP제어번호: CIP2018031318)

맹꽁이 같은 然
43 박재연 수필집

1쇄 펴낸날	2018년 10월 17일
지은이	박 재 연
펴낸이	오 하 룡
펴낸곳	도서출판 경남
주 소	창원시 마산합포구 몽고정길 2-1
연락처	(055)245-8818~9
이메일	gnbook@empas.com
출판등록	제567-1호(1985. 5. 6.)
편집팀	오태민 심경애 구도희
ISBN	979-11-87958-91-8-03810

ⓒ박재연

＊잘못된 책은 바꿔 드립니다.
＊저자와 협의 인지 생략합니다.
＊이 책은 경남문화예술진흥원의 문화예술지원을 보조받아 발간되었습니다.

〔값 13,000원〕